유럽정보보호법

함 인 선 역

EUROPEAN UNION AGENCY FOR FUNDAMENTAL RIGHTS

EUROPEAN COURT OF HUMAN RIGHTS
COUR EUROPÉENNE DES DROITS DE L'HOMME

COUNCIL OF EUROPE
CONSEIL DE L'EUROPE

본서의 원고는 2014년 4월에 완성되었다.
업데이트는 FRA 웹사이트(http://fra.europa.eu/)와 유럽평의회
웹사이트(http://coe.int/dataprotection), 그리고 유럽인권재판소
웹사이트(http://echr.coe.int)의 판례 메뉴(Case-Law menu)에서 이용할 수 있게 될 것이다.

유럽정보보호법

Handbook on European data protection law

함인선 역

Ham, In Seon

EUROPEAN UNION AGENCY FOR FUNDAMENTAL RIGHTS

EUROPEAN COURT OF HUMAN RIGHTS
COUR EUROPÉENNE DES DROITS DE L'HOMME

COUNCIL OF EUROPE
CONSEIL DE L'EUROPE

전남대학교출판부

역자서문 Translator's Foreword

본서는 유럽연합기본권청(European Union Agency for Fundamental Rights ; FRA)과 유럽평의회(Council of Europe ; CoE) 및 유럽인권재판소(European Court of Human Rights ; ECtHR)가 공동으로 집필한 'Handbook on European data protection law'를 번역한 것이다.

유럽을 대표하는 국제조직으로서는 유럽연합(EU)을 들 수 있지만, 또 하나의 중요한 축을 차지하고 있는 것이 유럽평의회(CoE)라고 할 수 있다. CoE는 47개 회원국으로 구성되어 있으며, EU의 모든 회원국이 또한 CoE의 회원국이기도 한 것에서 알 수 있는 바와 같이, 양 조직은 상호 밀접한 관계를 유지하고 있다고 할 수 있다.

유럽정보보호법제는 그 범위의 설정에서부터 어려움이 있지만, EU의 정보보호법제의 중심은 유럽기본권헌장(Charter of Fundamental Rights of the European Union)의 관련규정과 1995년 개인정보지침(Directive 95/46)을 들 수 있고, CoE의 경우에는 유럽인권조약(Convention for the Protection of Human Rights and Fundamental Freedoms ; ECHR)의 관련규정 등을 들 수 있다. 또한 EU의 경우에는 EU법제의 해석과 실효성을 담당하는 기관으로서 유럽연합사법재판소(Court of Justice of the European Union ; CJEU)가 있고, CoE의 경우에는 유럽인권재판소(ECtHR)가 있다.

본서는 위와 같이, 유럽에서 개인정보 보호를 위한 법제와 그와 관련된 양 재판소의 개인정보관련 판례를 중심으로 하여 중요쟁점들을 잘 정리하여 펴낸 것으로서, 개인정보 보호에 관심을 가지는 학생들과 그 업무에 종사하는 법조실무자들은 물론, 유럽 등과의 무역에 종사하는 실무자들에게도 중요한 지침서가 될 수 있을 것이다.

본서의 출판에 있어서는 전남대학교 학술도서출판 지원사업의 지원을 받았다. 전남대학교의 이러한 지원사업이 자칫 소홀하기 쉬운 분야의 전문서의 출간에 큰 힘이 되는 것은 물론이다. 또한 본서의 번역을 쾌락하여 준 CoE/ECHR과 FRA에게도 감사의 마음을 전한다.

2015년 10월　연구년의 초입에서

함 인 선

서문 Foreword

유럽정보보호법에 관한 본서는 유럽연합기본권청(FRA)과 유럽평의회가 유럽인권재판소 등록국과 함께 공동으로 준비한 것이다. 본서는 유럽연합기본권청(FRA)과 유럽평의회가 공동으로 준비한 법안내서 시리즈의 세 번째가 된다. 2011년 3월에 유럽차별금지법에 관한 안내서가 첫 번째로 출판되었고, 2013년 6월에 망명, 국경 및 이민과 관련한 유럽법에 관한 것이 두 번째로 출판되었다.

우리는 모두의 일상생활에 영향을 미치고 있는 현안의 주제인 개인정보 보호에 대해서도 계속하여 협력하기로 결정하였다. 유럽은 개인정보 보호영역에서 가장 보호적인 제도의 하나를 누리고 있으며, 이러한 제도는 유럽인권재판소(ECtHR) 및 유럽연합사법재판소(CJEU)의 판례는 물론, 유럽평의회 조약 제108호(Convention 108) 및 유럽연합(EU) 법규범에 근거하고 있다.

본서의 목적은 독자들이 주요 쟁점에 대해 참조할 수 있도록 함으로써 유럽연합과 유럽평의회 회원국들의 정보보호법에 대한 인식을 높이고 그에 대한 지식을 향상시키는데 있다. 본서는 전문가가 아닌 법실무자, 법관, 국가정보보호기관과 정보보호분야에서 활동하고 있는 사람들을 위하여 기획된 것이다.

2009년 12월에 리스본조약의 발효와 더불어, EU기본권헌장은 법적 구속력을 가지게 되었으며, 이에 따라 개인정보보호권은 별개의 기본권으로 격상되었다. 유럽사법재판소와 유럽인권재판소의 판례에 대한 이해와 함께, 유럽에서 정보보호의 길을 닦은 유럽평의회 조약 제108호와 EU법규범들에 대한 보다 확실한 이해는 이러한 기본권의 보호를 위하여 대단히 중요하다.

우리는 본서의 원고작성에 있어서 루드비히 볼쯔만 인권연구소가 기여한 것에 대해 감사드린다. 또한 원고작성 과정에서 유럽정보보호감독관실이 피드백을 해준데 대해서도 감사를 표한다. 특히 본서의 준비 과정에서 유럽위원회의 정보보호국에 감사한다.

필립 봘라(Philippe Boillat)

유럽평의회 인권 및
법의 지배 국장

모르텐 자에룸(Morten Kjaerum)

유럽연합기본권청장

목차 Contents

약어 및 두문자어Abbreviations and acronyms

BCR	Binding corporate rule(구속적 기업규칙)
CCTV	Closed circuit television(폐쇄회로 텔레비전)
CETS	Council of Europe Treaty Series(유럽평의회조약 시리즈)
Charter	Charter of Fundamental Rights of the European Union(유럽연합기본권헌장)
CIS	Customs information system(관세정보제도)
CJEU	Court of Justice of the European Union(유럽연합 사법재판소 ; 2009년 12월 이전에는 유럽사법재판소〈European Court of Justice, ECJ〉라고 불렸음)
CoE	Council of Europe(유럽평의회)
Convention 108	Convention for the Protection of Individuals with regard to Automatic Processing of Personal Data (Council of Europe)(개인정보의 자동처리와 관련한 개인의 보호를 위한 조약)(유럽평의회)
CRM	Customer relations management(고객관계관리)
C-SIS	Central Schengen Information System(중앙집중식 센겐정보시스템)

EAW	European Arrest Warrant(유럽체포영장)
EC	European Community(유럽공동체)
ECHR	European Convention on Human Rights(유럽인권조약)
ECtHR	European Court of Human Rights(유럽인권재판소)
EDPS	European Data Protection Supervisor(유럽정보보호감독관)
EEA	European Economic Area(유럽경제지역)
EFTA	European Free Trade Association(유럽자유무역연합)
ENISA	European Network and Information Security Agency (유럽네트워크·정보보안청)
ENU	Europol National Unit(유로폴 국가사무소)
ESMA	European Securities and Markets Authority(유럽증권시장감독청)
eTEN	Trans-European Telecommunication Networks(유럽횡단통신네트워크)
EU	European Union(유럽연합)
EuroPriSe	European Privacy Seal(유럽프라이버시씰)
eu-LISA	EU Agency for Large-scale IT Systems(EU대규모IT시스템관리청)
FRA	European Union Agency for Fundamental Rights(유럽연합기본권청)

GPS	Global positioning system(위성위치확인시스템)
JSB	Joint Supervisory Body(공동감독기구)
NGO	Non-governmental organisation(비정부조직)
N-SIS	National Schengen Information System(국가센겐정보시스템)
OECD	Organisation for Economic Co-operation and Development(경제협력개발기구)
PIN	Personal identification number(개인식별번호)
PNR	Passenger name record(탑승객예약기록)
SEPA	Single Euro Payments Area(단일유로결제지역)
SIS	Schengen Information System(센겐정보시스템)
SWIFT	Society for Worldwide Interbank Financial Telecommunication(국제은행간금융통신협회)
TEU	Treaty on European Union(유럽연합조약)
TFEU	Treaty on the Functioning of the European Union (유럽연합운영조약)
UDHR	Universal Declaration of Human Rights(세계인권선언)
UN	United Nations(국제연합)
VIS	Visa Information System(비자정보시스템)

본서의 이용법 How to use this handbook

본서는 유럽연합(EU) 및 유럽평의회(CoE)와 관련한 개인정보에 적용가능한 입법을 개관한다.

본서는 정보보호 분야에서 전문성을 가지고 있지 않는 법실무자들을 지원하기 위하여 기획되었다. 즉, 본서는 정보보호와 관련된 법적 문제에 직면할 수 있는 비정부조직(NGOs)을 포함하는 기구에서 활동하는 사람들과 변호사, 법관 또는 그밖에 다른 실무자들을 위한 것이다.

본서는 정보보호에 관한 EU법과 유럽인권조약(ECHR)을 가장 우선적으로 참조하였으며, 이 분야가 개인정보의 자동처리와 관련한 개인의 보호를 위한 CoE 조약(조약 제108호)과 다른 CoE 법규범은 물론, EU법과 ECHR에 의하여 어떻게 규율되고 있는지를 설명한다. 먼저, 각 장은 두 개의 다른 유럽법제도에서의 중요판례를 포함하여 적용법조항을 하나의 도표로 제시한다. 다음으로, 각 쟁점별로 적용되는 이들 두 개의 유럽질서의 관련법률들이 차례대로 제시된다. 이에 의해, 독자들은 두 개의 법제도의 유사한 점과 다른 점을 알 수 있게 될 것이다.

각 장의 처음에 제시되는 도표는 그 장에서 다루어지는 쟁점을 개관하고, 적용법조항 및 판례와 같은 다른 관련자료를 알려준다. 쟁점의 순서는 그 장의 내용을 정확하게 기술하는 데 유리하다고 판단되는 경우에 기술 순서와 다소 다를 수 있다. 도표들은 CoE 및 EU의 법을 그 대상으로 한다. 이에 의해, 이용자들은 특히 쟁점이 CoE법에만 적용되는 경우에 그 쟁점의 상황과 관련되는 핵심정보를 찾는데 도움을 받게 될 것이다.

CoE의 회원국이며 ECHR과 조약 제108호의 당사자인 비 EU국가들의 법실무자들은 CoE에 관한 부분으로 바로 가서, 자신의 국가와 관련되는 정보에 접근할 수 있다. EU회원국들의 법실무자들은 양 법질서에 의해 구속을 받기 때문에 양쪽을 모두 이용할 필요가 있을 것이다. 특정한 주제에 대해 보다 많은 정보를 필요로 하는 실무자들은 본서 '참고문헌' 부분에서 보다 전문적인 자료의 참고목록을 찾을 수 있다.

CoE법은 유럽인권재판소(ECtHR)의 선정된 판례를 간략하게 인용함으로써 제시된다. 이들 판례는 정보보호문제에서 존재하는 다수의 유럽인권재판소 판례와 결정으로부터 선정된 것이다.

EU법은 유럽연합사법재판소(CJEU, 2009년 이전에는 유럽사법재판소〈ECJ〉라고 함)의 판례에서 해석된 바와 같이, 조약의 관련규정과 유럽연합기본권헌장에서 채택된 입법에서 발견된다.

본서에서 기술되거나 인용된 판례는 ECtHR 및 CJEU의 판례의 중요부분의 사례들을 제공한다. 본서의 말미에 있는 가이드라인은 독자가 온라인에서 판례를 검색할 때 도움을 주고자 한 것이다.

또한, 파란색 글상자 안에 가정적인 시나리오에 의해 설명함으로써, 특히 쟁점과 관련된 ECtHR이나 CJEU의 판례가 존재하지 않는 경우에 유럽정보보호법의 적용을 더욱 자세히 설명하고 있다. 그밖에도 회색 글상자는 판례가 아닌 출처, 예컨대 입법으로부터 얻은 사례를 제공하고 있다.

본서는 ECHR과 EU법에 의해 수립된 두 개의 법제도의 역할에 관한 간략한 기술로부터 시작한다(제1장). 제2장부터 제8장까지는 다음의 주제에 관한 것이다.

- 정보보호 용어
- 유럽정보보호법의 주요원칙
- 유럽정보보호법의 규정
- 정보주체의 권리와 그 집행
- 국경을 넘는 정보유통
- 경찰과 형사사법에서의 정보보호
- 그밖에 특별한 유럽정보보호법

제1장
유럽정보보호법의 문맥과 배경

EU	관련쟁점	CoE
정보보호권		
개인정보의 처리와 관련한 개인의 보호와 개인정보의 자유로운 이동에 관한 지침 95/46/EC(정보보호지침), OJ 1995 L 281		ECHR 제8조(사생활 및 가족생활, 가정 및 교신에 대한 존중권) 개인정보의 자동처리에 관한 개인의 보호를 위한 조약(조약 제108호)
권리의 형량		
CJEU, Joined cases C-92/09 and C-93/09, *Volker und Markus Schecke GbR and Hartmut Eifert v. Land Hessen*, 2010	일반	
CJEU, C-73/07, *Tietosuojavaltuutettu v. Satakunnan Markkinapörssi Oy and Satamedia Oy*, 2008	표현의 자유	ECtHR, *Axel Springer AG v. Germany*, 2012 ECtHR, *Mosley v. the United Kingdom*, 2011
	예술과 학문의 자유	ECtHR, *Vereinigung bildender Künstler v. Austria*, 2007
CJEU, C-275/06, *Productores de Música de España (Promusicae) v. Telefónica de España SAU*, 2008	재산의 보호	
CJEU, C-28/08 P, *European Commission v. The Bavarian Lager Co. Ltd*, 2010	문서에의 접근	ECtHR, *Társaság a Szabadságjogokért v. Hungary*, 2009

1.1. 정보보호권(The right to data protection)

요점

- ECHR 제8조에 의하여, 개인정보의 수집 및 이용에 대한 보호권은 사생활 및 가족생활, 가정 및 교신에 대한 존중권의 일부를 형성한다.
- CoE 조약 제108호는 정보보호를 명시적으로 다룬 법적 구속력이 있는 최초의 국제규범이다.
- EU법에서는 정보보호가 정보보호지침에 의하여 최초로 규율되었다.
- EU법에서는 정보보호가 하나의 기본권으로 인식되어 왔다.

타인, 특히 국가로부터의 침해에 대해 개인의 사적 영역을 보호받을 권리는 사생활 및 가족생활의 존중에 관한 1948년 UN세계인권선언(UDHR) 제12조에서 최초로 국제법규에 규정되었다.[1] UDHR은 유럽의 다른 인권관련규범들의 발전에 영향을 미쳤다.

1.1.1. 유럽인권조약(The European Convention on Human Rights)

유럽평의회는 제2차 세계대전의 영향으로 유럽국가들이 법의 지배, 민주주의, 인권과 사회발전을 향상시키기 위하여 결성되었다. 이러한 목적을 위하여, 유럽평의회는 1950년에 유럽인권조약(ECHR)

1 United Nations (UN), Universal Declaration of Human Rights (UDHR), 10 December 1948.

을 채택하여, 1953년에 시행하였다.

국가들은 ECHR을 준수할 국제적 의무를 가지고 있다. CoE 모든 회원국들은 현재 국가법에 ECHR을 도입하였거나 실효성을 부여하였으며, 따라서 조약규정에 따라서 행위할 것이 요구된다.

체약당사국들이 ECHR에 의한 의무를 준수할 것을 보장하기 위하여, 유럽인권재판소(ECtHR)가 1959년에 프랑스 스트라스부르에 설립되었다. ECtHR는 조약 위반을 주장하는 개인, 개인의 그룹, NGO 또는 법인들이 제기한 소송을 심리함으로써 조약에 의한 의무의 준수를 보장한다. 2013년에 유럽평의회는 47개 회원국으로 구성되었으며, 그 중 28개국은 또한 EU 회원국들이기도 한다. ECtHR에 제소하는 청구인은 회원국들의 국민일 필요가 없다. ECtHR는 또한 하나 또는 그 이상의 CoE 회원국들이 다른 회원국을 상대로 하여 제기한 국가간 소송을 심리할 수 있다.

개인정보보호권은 ECHR 제8조에 의해 보호된 권리들의 일부를 형성하는데, 동 조는 사생활 및 가족생활, 가정과 교신의 존중권을 보장하고 있으며, 이 권리의 제한이 허용되는 조건을 규정하고 있다.[2]

ECtHR는 그 판결을 통하여 정보보호문제가 발생하는 많은 상황들, 특히 공적 기관에 의한 통신의 도청,[3] 여러 가지 유형의 감시[4]와

2 CoE, European Convention on Human Rights, CETS No. 005, 1950.

3 예컨대, 다음을 참조 : ECtHR, *Malone v. the United Kingdom*, No. 8691/79, 2 August 1984; ECtHR, *Copland v. the United Kingdom*, No. 62617/00, 3 April 2007.

개인정보의 저장에 대한 보호문제[5]들을 심리하여왔다. ECtHR는 ECHR 제8조에 의하여 국가들은 동 조약상의 권리를 침해하는 어떠한 행위도 금지하도록 하는 의무를 부담하고 있을 뿐만 아니라, 국가들은 일정한 상황에서 효과적으로 사생활과 가족생활의 존중을 적극적으로 보장할 의무도 부담하고 있다는 점을 명확히 하였다.[6] 이들 판례 중 다수가 관련 장에서 자세히 언급될 것이다.

1.1.2. 유럽평의회 조약 제108호(Council of Europe Convention 108)

1960년대에 정보기술의 등장과 함께, (개인)정보를 보호함으로써 개인들을 보호할 보다 상세한 규정의 필요성이 더욱 더 분명해졌다. 1970년대 중반까지, 유럽평의회 각료위원회는 ECHR 제8조를 참고하여, 개인정보의 보호에 관한 여러 가지 결의를 채택하였다.[7] 1981년에, 개인정보의 자동처리와 관련한 개인의 보호를 위한 조약(조약 제108호)[8]이 서명을 위해 개방되었다. 조약 제108호는 정보보

---

4 예컨대, 다음을 참조 : ECtHR, *Klass and Others v. Germany*, No. 5029/71, 6 September 1978; ECtHR, *Uzun v. Germany*, No. 35623/05, 2 September 2010.

5 예컨대, 다음을 참조 : ECtHR, *Leander v. Sweden*, No. 9248/81, 26 March 1987; ECtHR, *S. and Marper v. the United Kingdom*, Nos. 30562/04 and 30566/04, 4 December 2008.

6 예컨대, 다음을 참조 : ECtHR, *I. v. Finland*, No. 20511/03, 17 July 2008; ECtHR, *K.U. v. Finland*, No. 2872/02, 2 December 2008.

7 CoE, Committee of Ministers (1973), Resolution (73) 22 on the protection of the privacy of individuals *vis-à-vis* electronic data banks in the private sector, 26 September 1973; CoE, Committee of Ministers (1974), Resolution (74) 29 on the protection of the privacy of individuals *vis-à-vis* electronic data banks in the public sector, 20 September 1974.

8 CoE, Convention for the Protection of Individuals with regard to Automatic

호분야에서 법적 구속력을 가진 유일한 국제규범이었으며, 현재도 그러하다.

조약 제108호는 사적 영역과 사법기관 및 법집행기관에 의한 정보처리와 같은 공적 영역에 의해 수행된 모든 정보처리에 적용된다. 동 조약은 개인정보의 수집 및 처리에 수반될 수 있는 남용에 대해 개인을 보호하며, 그와 동시에 국경을 넘는 개인정보의 유통을 규제하고자 하는 것이다. 개인정보의 수집 및 처리에 관하여, 동 조약에 규정된 원칙들은 구체화된 정당한 목적을 위해 저장되고, 이들 목적과 양립 불가능한 목적을 위해 사용되지 않으며, 또한 필요한 기간 이상으로 보관되지 않는다고 하는, 특히 정보의 공정하고 적법한 수집 및 자동처리와 관련된 것이다. 이들 원칙은 특히 정확할 뿐만 아니라 적정하고 관련성이 있으며 과도하지 않아야 한다(비례성)는 정보의 품질과 또한 관련된다.

동 조약은 개인정보의 수집 및 처리에 관한 보장을 규정하는 이외에도, 적절한 법적 안전장치가 없는 경우에, 어떤 사람의 인종, 정치, 건강, 종교, 성생활 또는 범죄기록에 관한 것과 같은 '민감한' 정보의 처리를 불법으로 규정한다.

동 조약은 또한 개인이 자기에 관한 정보가 저장된다는 사실을 알며, 필요한 경우에, 그 정보를 정정하게 할 권리를 보장하고 있다. 동 조약에서 규정된 권리에 대한 제한은 국가안보 또는 국가방위와 같은 우월한 이익이 문제되는 경우에만 가능하다.

Processing of Personal Data, Council of Europe, CETS No. 108, 1981.

동 조약은 조약 당사국들 간의 개인정보의 자유로운 유통을 규정하고 있지만, 또한 법적 규제가 동등한 보호를 제공하고 있지 않는 국가에의 유통에 대해서는 다소의 제약을 부과하고 있다.

조약 제108호에서 규정된 일반원칙과 규정들을 보다 발전시키기 위하여, 법적 구속력이 없는 몇 가지 권고가 CoE 각료위원회에 의해 채택되었다(제7장과 제8장 참조).

EU 모든 회원국들은 조약 제108호를 비준하였다. 1999년에, 조약 제108호는 EU가 당사자가 될 수 있도록 개정되었다.[9] 2001년에 조약 제108호 추가의정서가 채택되어, 비당사국, 이른바 제3국에 대한 국경을 넘는 정보유통과 국가정보보호감독기관의 의무적 설립에 관한 규정들을 도입하였다.[10]

전망(Outlook)

조약 제108호를 시대에 맞게 개정하기로 한 결정에 따라서, 2011년에 실시된 일반의견수렴의 결과, 그에 대해 2가지 주요목적－즉, 디지털 분야에서의 프라이버시 보호의 강화와 동 조약의 입법개선 제도의 강화－이 확인될 수 있었다.

---

9 CoE, Amendments to the Convention for the protection of individuals with regard to automatic processing of Personal Data (ETS No. 108) allowing the European Communities to accede, adopted by the Committee of Ministers, in Strasbourg, on 15 June 1999; Art. 23 (2) of the Convention 108 in its amended form.

10 CoE, Additional Protocol to the Convention for the protection of individuals with regard to automatic processing of personal data, regarding supervisory authorities and transborder data flows, CETS No. 181, 2001.

조약 제108호는 비유럽국가들을 포함하여 CoE 비회원국들에게도 가입이 개방되어 있다. 조약의 세계기준으로서의 가능성과 그 개방성은 정보보호를 세계적으로 향상시킬 기초로서 기여할 수 있었다.

지금까지, 조약 제108호 46개 체약당사국들 가운데 45개국이 CoE의 회원국들이다. 우루과이는 최초의 비유럽국가로서 2013년 8월에 가입하였으며, 모로코는 동 조약에의 가입을 요청받고 현재 가입절차가 진행 중이다.

1.1.3. 유럽연합 정보보호법(European Union data protection law)

EU법은 조약들과 제2차 EU법으로 구성되어 있다. 조약들, 즉 유럽연합조약(TEU)과 유럽연합운영조약(TFEU)은 EU 모든 회원국들에 의해 승인되었으며, 또한 '제1차 EU법'으로 불린다. EU의 규칙, 지침과 결정은 조약들에 의해 권한을 부여받은 EU기관들에 의해 채택되며, 흔히 '제2차 EU법'이라고 불린다.

정보보호에 관한 주된 EU법규범은 개인정보의 처리와 관련한 개인의 보호와 그러한 정보의 이동에 관한 유럽의회 및 이사회의 지침 95/46/EC(정보보호지침)[11]이다. 동 지침은 이미 몇몇 회원국들이 국가정보보호법을 채택한 때인 1995년에 채택되었다. 역내시장에서의 물품, 자본, 서비스와 사람들의 자유로운 이동에는 정보의 자유로운 유통이 요구되는 바, 이는 회원국들이 통일적이고 높은

11 Data Protection Directive, OJ 1995 L 281, p. 31.

수준의 정보보호에 의하지 않으면 실현될 수 없다.

정보보호지침 채택의 목적은 국가차원에서 정보보호법의 조화[12]에 있기 때문에, 지침은 (당시에) 존재하는 국가정보보호법에 비교될 수 있는 정도의 특성을 제공한다. CJEU로서는, "지침 95/46은 개인정보의 처리와 관련하여 개인의 권리 및 자유의 보호의 수준이 모든 회원국들에서 동등함을 보장하고자 하는 것이다. [···] 이 분야에서 적용 가능한 국가법들의 근접은 그에 의해 제공되는 보호를 완화시키는 결과가 되어서는 안되고, 오히려 EU에서의 높은 보호수준을 보장하고자 하는 것이어야 한다. 따라서, 그들 국가법의 조화는 최소한의 조화에 한정되지 않고, 일반적으로 완전한 조화에 상당하는 것이다."[13] 그러므로, EU 회원국들은 지침을 이행할 때, 제한된 운용의 자유만을 가진다.

정보보호지침은 조약 제108호에 이미 포함되어 있는 프라이버시권의 원칙들에 실체를 부여하고, 그 원칙들을 확장하도록 의도된 것이다. 1995년에 15개 EU 모든 회원국들은 또한 조약 제108호의 체약당사국들이기도 하였다는 사실은 이들 두 개의 법규범에서 서로 모순되는 규정의 채택을 배제한다. 그러나, 정보보호지침은 조약 제108호 제11조에서 규정된 바와 같이, 보호규범들을 추가할 수 있을 것을 요구한다. 특히, 정보보호법규의 준수를 향상시키기 위한

12 예컨대, Data Protection Directive, Recitals 1, 4, 7 and 8 참조.

13 CJEU, Joined cases C-468/10 and C-469/10, *Asociación Nacional de Establecimientos Financieros de Crédito (ASNEF) and Federación de Comercio Electrónico y Marketing Directo (FECEMD) v. Administración del Estado*, 24 November 2011, paras. 28-29.

장치로서 독립적 감독을 도입하는 것은 유럽정보보호법이 실효적으로 기능함에 있어서 중요한 기여를 하는 것으로 입증되었다. (그러므로, 이 제도는 조약 제108호 추가의정서에 의해 2001년에 CoE 법에로 수용되었다.)

정보보호지침의 지역적 적용은 유럽경제지역(EEA)[14]의 일부인 비EU회원국들, 즉, 아이슬란드, 리히텐슈타인과 노르웨이를 포함하여 28개 EU회원국들 이외에로 확장된다.

룩셈부르크에 있는 CJEU는 회원국들에서 정보보호지침의 실효적이고 통일적인 적용을 보장하기 위하여, 회원국이 정보보호지침에 의한 의무를 이행하였는지 여부를 결정하고, 동 지침의 효력과 해석에 관한 선결적 판결을 내리는 재판권을 가지고 있다. 정보보호지침의 적용가능성이 면제되는 중요한 경우로는 이른바 가사면제, 즉, 사인이 단순히 사적 목적 또는 가사 목적을 위하여 하는 개인정보의 처리가 있다.[15] 이러한 처리는 일반적으로 사인의 자유의 일부로 간주된다.

정보보호지침 채택 당시 시행중인 제1차 EU법에 따라서, 동 지침의 물리적 적용범위는 역내시장사항으로 제한된다. 가장 중요한 것은 경찰 및 형사사법 공조사항이 그 적용범위 밖에 있다는 것이다. 이들 사항에서의 정보보호는 다른 법규범들로부터 발생하는 바, 이것들은 제7장에서 자세히 설명된다.

---

14 Agreement on the European Economic Area, OJ 1994 L 1, which entered into force on 1 January 1994.

15 Data Protection Directive, Art. 3 (2) second indent.

정보보호지침은 EU회원국들만을 그 대상으로 할 수 있었기 때문에, EU의 기관들과 기구들에 의한 개인정보의 처리에 대해 정보보호를 규정하기 위해서는 추가적인 법규범이 필요하였다. 공동체의 기관 및 기구에 의한 개인정보의 처리와 관련한 개인의 보호와 그러한 정보의 자유로운 이동에 관한 규칙(EC) No. 45/2001(*EU기관 정보보호규칙*)이 이러한 임무를 수행한다.[16]

게다가, 정보보호지침이 적용되는 분야에서도, 다른 정당한 이익을 형량함에 있어서 필요한 명확성을 얻기 위하여 보다 상세한 정보보호규정을 필요로 하는 경우가 종종 있다. 이러한 두 가지 사례로서는 전자통신영역에서의 개인정보의 처리와 프라이버시의 보호에 관한 지침 2002/58/EC(*프라이버시 및 전자통신에 관한 지침*)[17]과 공중전자통신서비스 또는 공공통신망의 제공과 관련하여 생성되거나 처리된 정보의 보존과 지침 2002/58/EC의 개정에 관한 지침 2006/24/EC(*정보보유지침*, 2014년 4월 8일에 무효로 됨)[18]이 있다. 다른 사례들에 대해서는 제8장에서 논의될 것이다. 이들 규정은

---

16 Regulation (EC) No. 45/2001 of the European Parliament and of the Council of 18 December 2000 on the protection of individuals with regard to the processing of personal data by the institutions and bodies of the Community and on the free movement of such data, OJ 2001 L 8.

17 Directive 2002/58/EC of the European Parliament and of the Council of 12 July 2002 concerning the processing of personal data and the protection of privacy in the electronic communications sector (*Directive on privacy and electronic communications*), OJ 2002 L 201.

18 Directive 2006/24/EC of the European Parliament and of the Council of 15 March 2006 on the retention of data generated or processed in connection with the provision of publicly available electronic communications services or of public communications networks and amending Directive 2002/58/EC, (*Data Retention Directive*), OJ 2006 L 105, invalidated on 8 April 2014.

정보보호지침에 따라야 한다.

유럽연합기본권헌장(The Charter of Fundamental Rights of the European Union)

유럽공동체의 원래 조약들은 인권이나 그 보호에 관한 언급이 포함되어 있지 않았다. EU법 적용범위 내에 있는 지역에서의 인권침해를 주장하며 당시의 유럽사법재판소(ECJ)에 소송이 제기되었기 때문에, 유럽사법재판소는 새로운 접근을 발전시켰다. 유럽사법재판소는 개인들을 보호하기 위하여 기본권을 이른바 유럽법의 일반원칙으로 도입하였다. CJEU에 따르면, 이들 일반원칙은 국가헌법과 인권조약들, 특히 ECHR에서 발견되는 인권보호의 내용을 반영한다. CJEU는 EU법이 이들 원칙을 준수하는 것을 보장한다고 말하였다.

EU는 정책이 인권에 대해 영향을 가질 수 있다는 점을 인식하고, 또한 시민들이 EU에 대해 '보다 친밀감'을 느끼도록 하는 노력으로써, 2000년에 유럽연합기본권헌장(헌장)을 공포하였다. 동 헌장은 회원국들에게 공통되는 헌법적 관습과 국제적 의무를 통합함으로써, 유럽시민들의 모든 범위의 민사적, 정치적, 경제적 및 사회적 권리를 구체화하고 있다. 헌장에 기술된 권리들은 6개 부문, 즉, 인간의 존엄, 자유, 평등, 연대, 시민의 권리와 사법으로 분류된다.

동 헌장은 원래는 단지 정치적 문서에 불과하였지만, 2009년 12월 1일의 리스본조약의 시행과 더불어 제1차 EU법(TEU 제6조 제1항

참조)으로서 법적 구속력[19]을 갖게 되었다.[20]

제1차 EU법은 또한 정보보호사항에 관한 EU의 일반적 입법권을 포함하고 있다(TFEU 제16조).

헌장은 사생활과 가족생활의 존중(제7조)을 보장할 뿐만 아니라 정보보호권(제8조)을 규정하여, 이러한 보호의 수준을 EU법상의 기본권의 수준으로 명시적으로 높이고 있다. 회원국들은 물론 EU기관들도 동 권리를 준수하고 보장하여야 하며, 이는 회원국들이 연합법을 이행할 때 또한 적용된다(헌장 제51조). 헌장 제8조는 정보보호지침 제정 수년 후에 입법되었지만, 먼저 제정된 EU정보보호법을 구체화하는 것으로 이해되어야 한다. 따라서, 헌장은 제8조 제1항에서 정보보호권을 명시적으로 거론할 뿐만 아니라, 제8조 제2항에서 핵심적인 정보보호원칙들을 언급하고 있다. 마지막으로, 헌장 제8조 제3항은 독립기관이 이들 원칙의 이행을 통제할 것을 보장하고 있다.

전망(Outlook)

2012년 1월에 유럽위원회는 정보보호개혁패키지를 제안하였는데, 거기에서 현행 정보보호법규는 급속한 기술발달과 세계화의 관

19 EU (2012), Charter of Fundamental Rights of the European Union, OJ 2012 C 326.

20 See consolidated versions of European Communities (2012), Treaty on European Union, OJ 2012 C 326; and of European Communities (2012), TFEU, OJ 2012 C 326.

점에서 새로 개정될 필요가 있다고 기술하였다. 개혁패키지는 형사 문제에서 경찰 및 사법공조의 분야에서의 정보보호를 규정하는 새로운 일반정보보호지침안[21]뿐만 아니라 정보보호지침을 대체하고자 하는 일반정보보호규칙안[22]으로 구성되어 있다. 본서가 출판될 때에도 개혁패키지에 관한 논의는 진행중이었다.

1.2. 권리들 간의 형량(Balancing rights)

요점

- 정보보호권은 절대적 권리가 아니다. 즉, 그것은 다른 권리들과 형량되어야 한다.

그러나, 헌장 제8조에 의한 개인정보 보호의 기본권은 "절대적 권리가 아니라, 사회에서의 그 기능과 관련하여 검토되어야 한다".[23]

21 European Commission (2012), *Proposal for a Directive of the European Parliament and of the Council on the protection of individuals with regard to the processing of personal data by competent authorities for the purposes of prevention, investigation, detection or prosecution of criminal offences or the execution of criminal penalties, and the free movement of such data (General Data Protection Directive)*, COM(2012) 10 final, Brussels, 25 January 2012.

22 European Commission (2012), *Proposal for a Regulation of the European Parliament and of the Council on the protection of individuals with regard to the processing of personal data and on the free movement of such data (General Data Protection Regulation)*, COM(2012) 11 final, Brussels, 25 January 2012.

그리하여, 헌장 제52조 제1항은 제한이 법률에 의해 규정되고, 그들 권리와 자유의 본질을 존중하며, 비례성의 원칙에 따라 필요하고, 유럽연합에 의해 인정된 일반적 이익의 목적이나 타인의 권리와 자유를 보호할 필요를 정말로 충족하는 한, 헌장 제7조와 제8조에서 규정된 것과 같은 권리의 행사에 대해 제한이 부과될 수 있다는 점을 인정하고 있다.[24]

ECHR시스템에서, 정보보호는 제8조(사생활 및 가족생활의 존중권)에 의하여 보장되며, 헌장시스템에서와 같이, 이 권리는 다른 경합하는 권리들의 범위를 존중하면서 적용될 필요가 있다. ECHR 제8조 제2항에 따라서, "법률에 의하여, 그리고 타인의 권리와 자유의 보호를 위하여 민주사회에서 필요한 경우를 제외하고, 이러한 권리의 행사에 대해 공적 기관에 의한 간섭이 있어서는 안된다".

결과적으로, ECtHR와 CJEU 양자는 ECHR 제8조와 헌장 제8조의 해석·적용을 할 때, 다른 권리와의 형량 행사가 필요하다고 되풀이 하여 말하여왔다.[25] 이러한 형량이 어떻게 이루어지는지를 몇

---

23 예컨대, CJEU, Joined cases C-92/09 and C-93/09, *Volker and Markus Schecke GbR and Hartmut Eifert v. Land Hessen*, 9 November 2010, para. 48.

24 *Ibid.*, para. 50.

25 ECtHR, *Von Hannover v. Germany* (No. 2) [GC], Nos. 40660/08 and 60641/08, 7 February 2012; CJEU, Joined cases C-468/10 and C-469/10, *Asociación Nacional de Establecimientos Financieros de Crédito (ASNEF) and Federación de Comercio Electrónico y Marketing Directo (FECEMD) v. Administración del Estado*, 24 November 2011, para. 48; CJEU, C-275/06, *Productores de Música de Espana (Promusicae) v. Telefónica de Espana SAU*, 29 January 2008, para. 68. See also Council of Europe (2013), Case law of the European Court of Human Rights concerning the protection of personal

가지 중요한 사례를 들어 설명할 것이다.

1.2.1. 표현의 자유(Freedom of expression)

정보보호권과 충돌하게 될 가능성이 있는 권리들 중의 하나는 표현의 자유권이다.

표현의 자유는 헌장 제11조('표현 및 정보의 자유')에 의해 보호된다. 이 권리는 "공적 기관에 의한 간섭없이 그리고 국경에 관계없이 의견을 보유하고, 정보와 사상을 수신하고 발신할 자유"를 포함한다. 제11조는 ECHR 제10조에 상응한다. 헌장 제52조 제3항에 따라서, 헌장이 ECHR에 의해 보장된 권리에 상응하는 권리를 포함하는 한, "그들 권리의 의미와 범위는 전술한 조약에 의해 규정된 것들과 동일하게 될 것이다". 헌장 제11조에 의해 보장된 권리에 대해 적법하게 부과될 수 있는 제한들은 따라서 ECHR 제10조 제2항에서 규정된 것들을 초과할 수 없으며, 바꾸어 말하자면, 그 제한들은 법률에 의해 규정되어야 하고, 민주사회에서 "타인의 평판이나 권리의 보호를 위하여" 필요한 것이어야 한다. 이 개념은 정보보호권을 포함한다.

개인정보의 보호와 표현의 자유와의 관계는 '개인정보의 처리와 표현의 자유'[26]라는 표제가 붙은 정보보호지침 제9조에 의해 규율

---

data, DP (2013) Case law, available at: www.coe.int/t/dghl/standardsetting/dataprotection/Judgments/DP 2013 Case Law_Eng_FINAL.pdf.

26 Data Protection Directive, Art. 9.

된다. 본 조에 따라서, 회원국들은 정보보호와 관련하여, 따라서, 지침 제2장, 제4장, 제6장에서 규정된 프라이버시 기본권과 관련하여 다수의 특례와 제한을 규정할 것이 요구된다. 이들 특례는 오로지 보도목적을 위하여 또는 예술이나 문학적 표현목적을 위하여서만 만들어져야 하며, 프라이버시권을 표현의 자유를 규율하는 규정들과 조화시킬 필요가 있는 경우에 표현의 자유 기본권의 범위 내에 속한다.

사례 : *Tietosuojavaltuutettu v. Satakunnan Markkinapörssi Oy and Satamedia Oy* 사건[27]에서, CJEU는 정보보호지침 제9조의 해석과, 정보보호와 언론의 자유 간의 관계의 정의에 관한 제청을 받았다. 재판소는 Markkinapörssi와 Satamedia가 핀란드 조세관청으로부터 적법하게 취득한 약 120만 명의 자연인에 관한 조세정보를 배포한 것에 대해 심리하여야 했다. 특히, 재판소는 휴대폰 이용자들이 다른 자연인과 관련된 조세정보를 받아볼 수 있도록 하기 위하여 조세관청이 이용할 수 있었던 개인정보의 처리가 오로지 보도목적을 위하여서만 수행된 활동으로 간주되어야 할 것인지 여부에 대해 확인하여야 했다. 재판소는 Satakunnan의 활동들은 정보보호지침 제3조 제1항의 의미에서의 '개인정보의 처리'였다고 결론을 내린 다음, 계속하여 지침 제9조를 해석하였다. 재판소는 우선 모든 민주사회에서에서의

27 CJEU, C-73/07, *Tietosuojavaltuutettu v. Satakunnan Markkinapörssi Oy and Satamedia Oy*, 16 December 2008, paras. 56, 61 and 62.

표현의 자유권의 중요성을 언급하고서, 저널리즘과 같은 표현의 자유와 관련되는 관념들은 넓게 해석되어야 한다고 판결하였다. 그리고 나서, 재판소는 두 가지 기본권 간의 균형을 얻기 위하여 정보보호권의 특례와 제한은 엄격히 필요한 경우에 한하여서만 적용하여야 한다고 말하였다. 그러한 상황에서, 재판소는 국가입법에 의해 공적 영역에 속하는 문서로부터 나온 정보에 관하여 Markkinapörssi와 Satamedia가 수행한 것과 같은 활동들은 그 정보를 전송하기 위하여 사용된 미디어와 관계없이 그 목적이 정보, 의견 또는 사상을 일반에게 공개하는 것이라면 '보도활동들'로 분류될 수 있다고 간주하였다. 재판소는 또한 이들 활동은 미디어기업에 한정되지 않으며, 영리목적 활동들을 위하여서도 수행될 수 있다고 판결하였다. 그러나, CJEU는 본 사건이 이러한 구체적인 경우에 해당하는지 여부를 결정하는 것은 국가법원에 맡겼다.

정보보호권과 표현의 자유권과의 조화에 관하여, ECtHR는 몇 가지 기념비적인 판결을 내렸다.

사례 : *Axel Springer AG v. Germany* 사건[28]에서, ECtHR는 한 유명배우의 체포 및 유죄판결에 관한 기사를 출판하기를 원하는 신문사 소유주에 대해 국내법원이 부과한 금지명령은 ECHR

28 ECtHR, *Axel Springer AG v. Germany [GC]*, No. 39954/08, 7 February 2012, paras. 90 and 91.

제10조를 위반한 것이라고 판결하였다. ECtHR는 표현의 자유권과 사생활 존중권을 형량함에 있어서 그 판례로 확립한 기준을 되풀이 하였다.

- 첫째로, 출판된 기사와 관련된 사건이 일반적 이익에 해당하는지 여부. 어떤 사람의 체포 및 유죄판결은 공적인 사법적 사실이며, 따라서 공익에 해당한다.
- 둘째로, 관계인이 공적 인물인지 여부. 관계인은 공적 인물로서 자격이 있는 충분히 잘 알려진 배우였다.
- 셋째로, 그 정보가 어떻게 취득되었으며, 신뢰할 수 있는지 여부. 그 정보는 검찰청에 의해 제공되었으며, 두 개의 출판에 포함된 정보의 정확성에 대해서 당사자 간에 다툼은 없었다.

그러므로, ECtHR는 신문사에 부과된 출판제한은 청구인의 사생활 보호라고 하는 정당한 목적과 합리적인 비례관계에 있지 않았다고 판결하였다. 재판소는 ECHR 제10조의 위반이 있었다고 결정하였다.

사례 : *Von Hannover v. Germany (No.2)*사건[29]에서, 모나코 캐롤라인 공주가 스키휴가 중에 찍힌 그녀와 남편의 사진의 출판에 대한 금지명령이 기각되었을 때, ECtHR는 ECHR 제8조에

29 ECtHR, *Von Hannover v. Germany (No.2)* [GC], Nos. 40660/08 and 60641/08, 7 February 2012, paras. 118 and 124.

의한 사생활 존중권의 위반을 인정하지 않았다. 그 사진은 여러 화제 가운데에서도 레이니에 공의 좋지 않은 건강에 대해 보도하는 기사와 함께 실렸다. ECtHR는 국내법원이 출판사의 표현의 자유와 청구인의 사생활 존중권을 주의깊게 형량하였다고 결정하였다. 국내법원이 레이니에 공의 병환을 현대사회의 하나의 사건으로 성격지은 것이 불합리하다고 볼 수 없으며, 기사의 관점에서 고려될 때, ECtHR는 사진이 적어도 어느 정도 일반적 이익의 논쟁에 기여를 한 사실을 인정할 수 있었다. 재판소는 ECHR 제8조의 위반이 없었다고 결정하였다.

ECtHR 판례에서, 이들 권리의 형량에 관한 중요한 기준의 하나는 문제의 표현이 일반적 공익의 논쟁에 기여하는지 여부이다.

사례 : *Mosley v. the United Kingdom* 사건[30]에서, 한 전국주간지가 청구인의 사적인 사진들을 출판하였다. 청구인은, 프라이버시권을 위반할 수 있는 자료를 출판하는 경우에 신문사의 사전통지요건이 존재하지 않았기 때문에 문제의 사진을 출판하기 전에 금지명령을 청구할 수 없었음을 이유로 하여, ECHR 제8조의 위반을 주장하였다. 그러한 자료의 배포는 일반적으로 교육보다는 오락 목적으로 이루어지지만, ECHR 제10조의 보호에 의해 혜택을 받고 있는 것은 의문의 여지가 없었다. 다만, 그

30 ECtHR, *Mosley v. the United Kingdom*, No. 48009/08, 10 May 2011, paras. 129 and 130.

정보가 사적이며 사사로운 성격을 가지며, 그 배포에 아무런 공익이 존재하지 않는 경우에는 ECHR 제10조 대신에 제8조의 요건이 적용될 수 있었다. 그러나, 출판의 사전 검열의 형태로 작용할 수 있는 제약을 심리할 때에는 특별한 주의가 요구되어야 했다. 사전통지요건이 그 실효성에 대한 의문과 그 분야에서의 폭넓은 재량의 여지에 대해 초래할 수 있는 위축효과에 관하여, ECtHR는 법적 구속력있는 사전통지요건은 제8조에 의해 요구되지 않는다고 결정하였다. 따라서, 재판소는 제8조의 위반이 없었다고 결정하였다.

사례 : *Biriuk v. Lithuania* 사건[31]에서, 청구인은 자신이 HIV 양성이라는 사실을 보도한 기사를 출판하였다는 이유로 일간지로부터 손해를 입었음을 주장하였다. 주장에 따르면, 그 정보는 지역병원의 의료진에 의해 사실임이 확인되었다. ECtHR는 문제의 기사가 일반적 이익의 논쟁에 기여하는 것으로 간주하지 않고서, 개인정보, 특히 의료정보의 보호는 ECHR 제8조에 의해 보장되는 사생활 및 가족생활 존중권의 향유에 근본적으로 중요하다고 말하였다. 재판소는 신문의 보도에 따르면, 병원의 의료진이 의료비밀준수의무를 명백히 위반하여 청구인의 HIV 감염에 관한 정보를 제공하였다는 사실에 특별히 의미를 부여하였다. 결과적으로, 국가는 청구인의 사생활 존중권을 보장하지 못하였다. 재판소는 제8조의 위반이 있었다고 결정하였다.

31 ECtHR, *Biriuk v. Lithuania*, No. 23373/03, 25 November 2008.

1.2.2. 문서에의 접근(Access to documents)

헌장 제11조와 ECHR 제10조에 따라서 정보의 자유는 정보를 발신할 뿐만 아니라 *수신*할 권리도 보호한다. 민주사회가 제대로 기능하기 위하여 정부의 투명성이 중요하다는 인식이 점점 증가하고 있다. 그 결과, 지난 20여 년 동안에, 공적 기관이 보유하는 문서에의 접근권은 모든 EU시민과 회원국에 거주하거나 등록사무소를 가지고 있는 자연인 또는 법인의 중요한 권리로 인정되었다.

CoE**법**에서는 공식문서에의 접근에 관한 조약(*조약 제205호*)의 작성자들을 고취시킨 공식문서에의 접근에 관한 권고에서 보장된 원칙들을 참조할 수 있다.[32] EU**법**에서, 문서에의 접근권은 유럽의회, 이사회와 위원회 문서에의 일반인의 접근에 관한 규칙 1049/2001 (*문서에의 접근 규칙*)[33]에 의해 보장된다. 헌장 제42조와 TFEU 제15조 제3항은 이러한 접근권을 "그 형태에 관계없이 연합의 기관, 기구, 사무소와 행정청에로 까지" 확장하였다. 헌장 제52조 제2항에 따라, 문서에의 접근권은 또한 TFEU 제15조 제3항에서 규정된 조항의 조건과 한계 내에서 행사된다. 이 권리는 문서에의 접근이 타인의 개인정보를 드러내게 된다면, 정보보호권과 충돌할 수 있다.

---

32 Council of Europe, Committee of Ministers (2002), Recommendation Rec(2002)2 to member states on access to official documents, 21 February 2002; Council of Europe, Convention on Access to Official Documents, CETS No. 205, 18 June 2009. The Convention has not yet entered into force.

33 Regulation (EC) No. 1049/2001 of the European Parliament and of the Council of 30 May 2001 regarding public access to European Parliament, Council and Commission documents, OJ 2001 L 145.

따라서, 공적 기관이 보유한 문서나 정보에의 접근청구는 청구된 문서에 포함된 정보의 정보주체의 정보보호권과의 형량을 필요로 할 수 있다.

> 사례 : *European Commission v. Bavarian Lager* 사건[34]에서, CJEU는 EU기관들의 문서에의 접근에 있어서 개인정보의 보호범위와, 규칙 1049/2001(*문서접근규칙*)과 45/2001(*정보보호규칙*) 간의 관계를 획정하였다. 1992년에 설립된 Bavarian Lager는 주로 선술집(public houses)과 바에 공급하기 위하여 독일 병맥주를 영국으로 수입한다. 그러나, 동 사는 영국의 현행법이 국내생산자에게 유리하게 되어 있었기 때문에 곤란에 봉착하였다. Bavarian Lager의 이의신청에 응답하여, 유럽위원회는 영국을 상대로 의무불이행소송을 제기하기로 결정하였다. 그로 인해, 영국은 문제의 조항들을 개정하여 EU법과 일치하게 하였다. 그 후, Bavarian Lager는 다른 문서들 중에서도 특히 유럽위원회, 영국정부기관과 공동시장맥주양조업자연맹(CBMC)의 대표들이 참석한 회의의 회의록 사본을 유럽위원회에 청구하였다. 유럽위원회는 회의관련 문서의 공개에 동의하였으나, 참석자 중 두 명은 신원의 공개를 명시적으로 거부하였고 다른 세 명은 연락이 닿지 않아서 이들 다섯 명의 이름은 지운 채 공개하였다. 2004년 3월 18일 결정으로, 유럽위원회는 정보보호규칙에 의해

34 CJEU, C-28/08 P, *European Commission v. The Bavarian Lager Co. Ltd.*, 29 June 2010, paras. 60, 63, 76, 78 and 79.

보장된 바와 같이 특히 이들 다섯 명의 사생활의 보호를 이유로, Bavarian Lager가 회의의 회의록 전부를 얻기 위하여 새롭게 신청한 접근청구를 거부하였다. Bavarian Lager는 이러한 처분에 만족하지 못하였기 때문에, 제1심재판소에 소를 제기하였다. 동 재판소는 기구를 대표하여 회의에 참석하는 사람들의 명부에 문제의 참석자들의 이름을 단지 기재하는 것은 사생활의 침해를 형성하지 않으며 그들의 사생활을 위험에 빠뜨리지 않는다는 점을 특히 고려하여, 2007년 11월 8일의 판결로 유럽위원회의 결정을 취소하였다(case T-194/04, Bavarian Lager v. Commission). 유럽위원회의 상소로, CJEU는 제1심재판소의 판결을 파기하였다. CJEU는 문서접근규칙은 "일정한 경우에 개인정보가 일반에 교부될 수 있는 개인의 특별하고 강화된 보호제도"를 수립하고 있다고 판결하였다. CJEU의 판결에 따르면, 문서접근규칙에 근거한 청구가 개인정보를 포함하는 문서에의 접근을 얻고자 하는 것인 경우에, 정보보호규칙의 규정들은 전면적으로 적용가능하게 된다. 그런 후, CJEU는 유럽위원회가 1996년 10월의 회의의 전 회의록에의 접근청구를 거부한 것은 정당하다고 결정하였다. 그 회의의 다섯 명의 참석자의 동의가 없는 경우에, 다섯 명의 이름을 지운 채로 문제의 문서를 공개함으로써 유럽위원회는 충분히 공개의무를 준수하였다.

더구나, CJEU에 따르면, "Bavarian Lager는 이들 다섯 명의 개인정보가 이전될 필요성을 입증하기 위하여 명시적이며 적법한 정당화사유나 어떠한 설득력 있는 주장도 제시하지 않았기 때

> 문에, 유럽위원회는 관계 당사자들의 여러 이익들을 형량할 수 없었다. 또한, 정보보호규칙이 요구하는 바와 같이, 유럽위원회는 정보주체의 정당한 이익이 침해될 수 있음을 추정할 이유가 존재하는지 여부를 확인할 수 없었다".

본 판결에 따르면, 문서에의 접근과 관련한 정보보호권의 간섭에는 특별하고 정당한 이유를 필요로 한다. 문서접근권은 자동적으로 정보보호권에 우월할 수는 없다.[35]

ECtHR의 다음 판결에서는 접근청구의 특별한 측면이 제기되었다.

> 사례 : *Társaság a Szabadságjogokért v. Hungary* 사건[36]에서, 인권관련 NGO인 청구인은 계속 중인 사건에 대한 정보의 접근을 헌법재판소에 청구하였다. 헌법재판소는 소송을 제기한 의회의원의 의견청취도 없이, 헌법재판소에의 접근청구는 원고의 동의가 있는 경우에만 사건 당사자 이외의 자에게 이용될 수 있다는 이유로 이를 거부하였다. 국내법원은 공적 정보의 접근가능성을 포함하여, 다른 정당한 이익들이 그러한 개인정보의 보

35 See, however, the detailed deliberations in European Data Protection Supervisor (EDPS) (2011), *Public access to documents containing personal data after the Bavarian Lager ruling*, Brussels, 24 March 2011, available at: www.edps.europa.eu/EDPSWEB/webdav/site/mySite/shared/Documents/EDPS/Publications/Papers/BackgroundP/11-03-24_Bavarian_Lager_EN.pdf.

36 ECtHR, *Társaság a Szabadságjogokért v. Hungary*, No. 37374/05, 14 April 2009; see paras. 27, 36-38.

호에 우월할 수 없다는 이유로 접근청구거부를 지지하였다. 청구인은 '사회적 경비견'으로서 활동하였으며, 그러한 활동들은 언론이 제공한 활동과 유사한 보호를 보장하였다. 언론의 자유와 관련하여, ECtHR는 일반대중이 일반적 이익의 정보를 수취할 권리를 가지고 있다고 일관되게 판결하였다. 청구인이 청구한 정보는 "준비되고 이용가능"하였으며, 정보의 수집이 필요하지 않았다. 그러한 상황에서, 국가는 청구인이 청구한 정보의 유통을 방해하지 않을 의무를 가졌다. 요컨대, ECtHR는 공익정보에의 접근을 방해하도록 의도된 방해물은 미디어나 관련분야에서 활동하는 자들이 '공공의 경비견'으로서의 중요한 역할을 수행하는 것을 단념시킬 수 있다고 간주하였다. 재판소는 제10조의 위반이 있었다고 결정하였다.

EU법에서, 투명성의 중요성은 확고하게 수립되어 있다. 투명성의 원칙은 TEU 제1조 및 제10조와 TFEU 제15조 제1항에서 보장되어 있다.[37] 규칙 1049/2001의 리사이틀 2번에 따르면, 투명성의 원칙은 시민들이 의사결정절차에 보다 밀접하게 참여할 수 있게 하고, 행정이 보다 큰 정당성을 향유하고, 민주주의제도에서 시민들에게 보다 실효적이고 책임성을 가지게 되는 것을 보장한다.[38]

37 EU (2012), Consolidated versions of the Treaty on European Union and of the TFEU, OJ 2012 C 326.

38 CJEU, C-41/00 P, *Interporc Im- und Export GmbH v. Commission of the European Communities*, 6 March 2003, para. 39; and CJEU, C-28/08 P, *European Commission v. The Bavarian Lager Co. Ltd.*, 29 June 2010, para. 54.

이러한 논리에 따라서, 공통농업정책의 자금조달에 관한 이사회규칙 1290/2005와 그 시행세칙을 규정하고 있는 위원회규칙 259/2008은 농업부문에서의 일정한 EU기금의 수혜자와 그 수령액에 관한 정보의 공개를 요구한다.[39] 이러한 공개는 행정에 의한 공적 기금의 적정한 사용에 대한 공적 통제에 기여하여야 한다. 이러한 공개의 비례성이 몇몇 수혜자들에 의해 다퉈졌다.

> 사례 : *Volker and Markus Schecke and Hartmut Eifert v. Land Hessen* 사건[40]에서, CJEU는 EU입법에 의해 요구된, EU농업보조금의 수혜자의 이름과 그들의 수령액의 공개의 비례성을 판단하여야 했다.
>
> 재판소는 정보보호권이 절대적이지 않다는 점을 언급하며, 두 개의 EU농업지원기금의 수혜자의 이름과 그들의 상세한 수령액에 관한 정보의 웹사이트 상에서의 공개는 일반적으로는 그들의 사생활, 구체적으로는 그들의 개인정보의 보호에 대한 간섭을 형성한다고 주장하였다.

---

39 Council Regulation (EC) No. 1290/2005 of 21 June 2005 on the financing of the common agricultural policy, OJ 2005 L 209; and Commission Regulation (EC) No. 259/2008 of 18 March 2008 laying down detailed rules for the application of Council Regulation (EC) No. 1290/2005 as regards the publication of information on the beneficiaries of funds deriving from the European Agricultural Guarantee Fund (EAGF) and the European Agricultural Fund for Rural Development (EAFRD), OJ 2008 L 76.

40 CJEU, Joined cases C-92/09 and C-93/09, *Volker and Markus Schecke GbR (C-92/09) and Hartmut Eifert (C-93/09) v. Land Hessen*, 9 November 2010, paras. 47-52, 58, 66-67, 75, 86 and 92.

재판소는 헌장 제7조와 제8조에 대한 그러한 간섭은 법률에 의해 규정되고, 즉, 공동체기금 사용의 투명성을 향상시키는 것을 포함하여 EU에 의해 인정된 일반적 이익의 목적을 충족한다고 간주하였다. 그러나, CJEU는 이들 두 개의 기금으로 되어 있는 EU농업보조금의 수혜자인 자연인들의 이름과 그들이 수령한 정확한 금액의 공개는 불비례적인 수단을 형성하며, 헌장 제52조 제1항을 참조할 때 정당화되지 않는다고 판결하였다. 그리하여, 재판소는 유럽농업기금의 수혜자들과 관련된 정보의 공개에 관한 EU입법을 부분적으로 무효라고 선언하였다.

1.2.3. 예술과 학문의 자유(Freedom of the arts and sciences)

사생활 존중권 및 정보보호권과 형량할 다른 권리는 헌장 제13조에 의해 명시적으로 보호되고 있는 예술과 학문의 자유이다. 이 권리는 주로 사상과 표현의 자유권으로부터 추론되며, 헌장 제1조(인간의 존엄)와 관련하여 행사되어진다. ECtHR는 예술의 자유가 ECHR 제10조에 의해 보호되고 있다고 간주한다.[41] 헌장 제13조에 의해 보장된 권리는 또한 ECHR 제10조에 의해 규정된 제한을 받을 수 있다.[42]

---

41 ECtHR, *Müller and Others v. Switzerland*, No. 10737/84, 24 May 1988.

42 Explanations relating to the Charter of Fundamental Rights, OJ 2007 C 303.

사례 : *Vereinigung bildender Künstler v. Austria* 사건[43]에서, 오스트리아법원은 청구인 협회가 많은 공적 인물의 머리사진을 사용하여 성적 체위를 포함한 그림을 계속해서 전시하는 것을 금지하였다. 자기 사진이 그림에 사용된 한 오스트리아 의회의원이 청구인 협회를 상대로 하여 그림의 전시를 금지하는 금지명령을 청구하는 소송을 제기하였다. 국내법원은 그의 청구를 인용하는 금지명령을 발하였다. ECtHR는 ECHR 제10조가 국가나 어떤 부문의 사람들의 기분을 상하게 하고, 쇼크를 주며, 또는 어지럽히는 생각들을 교류하는데 적용될 수 있다고 되풀이하여 주장하였다. 예술작품들을 창조하고, 수행하며, 교란시키거나 전시하는 사람들은 아이디어나 의견의 교환에 기여하였으며, 국가는 그들의 표현의 자유를 부당하게 침해하지 않을 의무를 가졌다. 그림은 콜라쥬였으며, 단지 사람들의 머리만의 사진을 사용하였다는 점, 그리고 그들의 몸체는 비현실적이며 과장되게 그렸으며, 이러한 것은 실제를 반영하거나 시사하는 것을 목적으로 하고 있지 않음이 명백하다는 점을 감안하여, ECtHR는 나아가 "그림은 [묘사되는 사람의] 사생활의 세부적인 면을 나타내고자 하는 것으로 이해될 수 없고", "이러한 역할에서 [묘사된 사람은] 비판을 존중하여 보다 폭넓은 관용을 보여야 한다"고 말하였다. ECtHR는 문제되는 다른 이익들을 형량하여, 앞으로의 그림 전시에 대해 무제한으로 금지하는 것

43 ECtHR, *Vereinigung bildender Künstler v. Austria*, No. 68345/01, 25 January 2007; see especially paras. 26 and 34.

> 은 비례적이 아니라고 판결하였다. 재판소는 ECHR 제10조의 위반이 있었다고 결정하였다.

학문과 관련하여, 유럽정보보호법은 학문의 사회에 대한 특별한 가치를 인식하고 있다. 그러므로, 개인정보의 사용에 대한 일반적인 제한은 축소되었다. 정보보호지침과 조약 제108호 양자는 일단 개인정보 원래의 수집목적을 위해 더 이상 필요하지 않게 되더라도 학문연구를 위하여 정보의 보유를 허용하고 있다. 나아가, 학문연구를 위한 개인정보의 후속적인 사용은 양립불가능한 목적으로 간주되어서는 안된다. 국가법은 필요한 안전장치를 포함하여, 학문연구의 이익과 정보보호권을 조화시키기 위한 보다 상세한 규정들을 발전시킬 임무를 지고 있다(또한 3.3.3과 8.4 참조).

1.2.4. 재산의 보호(Protection of property)

재산보호권은 ECHR 제1차의정서 제1조와 헌장 제17조 제1항에서 보장되고 있다. 재산권의 하나의 중요한 측면은 헌장 제17조 제2항에서 명시적으로 언급된 지적 재산권의 보호이다. EU법질서에서는 지적 재산권, 특히 저작권의 실효적인 보호를 목적으로 하는 몇 개의 지침들을 찾아볼 수 있다. 지적 재산권은 문학과 예술적 재산뿐만 아니라 특허권, 상표권과 관련 권리들을 포함한다.

CJEU 판례가 명확히 한 바와 같이, 재산권의 보호는 다른 기본권의 보호, 특히 정보보호권과 형량되어야 한다.[44] 저작권보호기관들이 인터넷사업자들에게 인터넷파일공유플랫폼의 이용자들의 신원을 공개할 것을 요구한 사건들이 있었다. 이러한 플랫폼은 저작권에 의해 보호되고 있는 경우에도 인터넷이용자들이 음악타이틀을 무료로 다운로드받는 것을 가능하게 한다.

사례 : *Promusicae v. Telefónica de España* 사건[45]은 스페인 인터넷사업자인 Telefónica가 음악 및 동영상 레코딩의 음악 제작자와 출판자들의 비영리조직인 Promusicae에게 동 회사가 인터넷서비스를 제공한 일정한 사람들의 개인정보를 공개할 것을 거부한 것과 관련된 것이다. Promusicae는 그 회원들이 보유하고 있는 이용권이 있는 레코드에의 접근을 제공한 파일교환프로그램을 사용하고 있다고 하는 사람들을 상대로 하여 민사소송을 제기할 수 있도록 정보공개를 청구하였다.

스페인법원은 저작권의 효과적인 보호를 보장하기 위한 민사소송과 관련하여, 공동체법에 의하여 이들 개인정보가 교부되어야 하는지 여부에 대해 CJEU에 제청하였다. CJEU는 지침 2000/31, 2001/29와 2004/48과 또한 헌장 제17조와 제47조를 함께 참조하였다. 재판소는 프라이버시 및 전자통신에 관한 지침(2002/58/EC)과 위의 세 개의 지침들은 회원국들이 저작권의 효과적인 보호를 보장하기 위하여 민사소송과 관련하여 개인정

44 ECtHR, *Ashby Donald and others v. France*, No. 36769/08, 10 January 2013.

45 CJEU, C-275/06, *Productores de Música de España (Promusicae) v. Telefónica de España SAU*, 29 January 2008, paras. 54 and 60.

보 공개의무를 규정하는 것을 금지하는 것이 아니라고 결정하였다.

따라서, CJEU는, 본 사건은 다른 기본권들, 즉 사생활 존중권의 보호의 요건과 재산의 보호 및 실효적인 권리구제에 대한 권리들을 조화시킬 필요성이라는 문제를 제기한다고 지적하였다.

재판소는 "회원국들은 전술한 지침들을 국내법화할 때, 공동체 법질서에 의해 보호된 여러 기본권들 간의 공정한 형량이 이루어질 수 있는 이들 지침의 해석에 의거하도록 주의하여야 한다. 나아가, 이들 지침을 국내법화하는 조치들을 이행할 때, 회원국들의 정부기관과 법원은 이들 지침과 일치하는 방식으로 국가법을 해석해야 할 뿐만 아니라, 반드시 이들 기본권이나 비례성의 원칙과 같은 공동체의 다른 일반법원칙들과 충돌되는 해석에 의하지 않아야 한다."[46]

46 *Ibid.*, paras. 65 and 68; see also CJEU, C-360/10, *SABAM v. Netlog N.V.*, 16 February 2012.

제2장 정보보호 용어

EU	관련쟁점	CoE
개인정보		
정보보호지침 제2조 제a호 CJEU, Joined cases C-92/09 and C-93/09, *Volker and Markus Schecke GbR (C-92/09) and Hartmut Eifert (C-93/09) v. Land Hessen*, 9 November 2010 CJEU, C-275/06, *Productores de Música de España (Promusicae) v. Telefónica de España SAU*, 29 January 2008	법적 개념정의	조약 제108호 제2조 제a호 ECtHR, *Bernh Larsen Holding AS and Others v. Norway*, No. 24117/08, 14 March 2013
정보보호지침 제8조 제1항 CJEU, C-101/01, *Bodil Lindqvist*, 6 November 2003	특별한 범주의 개인정보 (민감정보)	조약 제108호 제6조
정보보호지침 제6조 제1항 제e호	익명화 정보와 가명화 정보	조약 제108호 제5조 제e호 조약 제108호 해석보고서 제42조
정보의 처리		
정보보호지침 제2조 제b호 CJEU, C-101/01, *Bodil Lindqvist*, 6 November 2003	개념정의	조약 제108호 제2조 제c호

EU	관련쟁점	CoE
정보 이용자들		
정보보호지침 제2조 제d호	**관리자**	조약 제108호 제2조 제d호 프로파일링권고 제1조 제g호*
정보보호지침 제2조 제e호 CJEU, C-101/01, *Bodil Lindqvist*, 6 November 2003	**처리자**	프로파일링권고 제1조 제h호
정보보호지침 제2조 제g호	**수취인**	조약 제108호 추가의정서 제2조 제1항
정보보호지침 제2조 제f호	**제3자**	
동의		
정보보호지침 제2조 제h호 CJEU, C-543/09, *Deutsche Telekom AG v. Bundesrepublik Deutschland*, 5 May 2011	**유효한 동의의 개념정의와 요건**	의료정보권고 제6조와 다수의 후속 권고들

주 : **Council of Europe, Committee of Ministers (2010), Recommendation Rec(2010)13 to member states on the protection of individuals with regard to automatic processing of personal data in the context of profiling* (Profiling Recommendation), 23 November 2010.

2.1. 개인정보(Personal data)

요점

- 정보(data)는 그것이 식별된 또는 적어도 식별가능한 사람, 즉 정보주체와 관련된다면 개인정보이다.
- 추가적인 정보가 비합리적인 노력없이 취득될 수 있고, 정보주체의 신원확인이 가능하다면, 그 사람은 식별가능하다.

- 인증은 어떤 사람이 특정한 신원을 가지며, 그리고/또는 일정한 행위를 할 권한이 있음을 입증하는 것을 의미한다.
- 조약 제108호와 정보보호지침에서 열거된 특별한 범주의 정보, 이른바 민감정보가 있다. 민감정보는 강화된 보호가 요구되며, 따라서 특별한 법제도의 적용을 받는다.
- 정보는 그것이 더 이상 식별자를 포함하지 않는다면 익명화되었다. 그리고, 정보는 식별자가 암호화되었다면 가명화되었다.
- 익명화 정보와 달리, 가명화 정보는 개인정보이다.

2.1.1. 개인정보 개념의 주요측면(Main aspects of the concept of personal data)

CoE**법**과 EU**법**에서, '개인정보'는 식별된 또는 식별가능한 자연인과 관련되는 정보,[47] 즉, 그 신원이 분명하게 확실하거나 추가적인 정보를 취득함으로써 적어도 입증될 수 있는 사람에 관한 정보로 정의된다.

그러한 사람에 관한 정보가 처리되고 있다면, 이 사람은 '정보주체'라고 불린다.

사람(A person)

정보보호권은 사생활보호권으로부터 발전했다. 사생활 개념은

47 Data Protection Directive, Art. 2 (a); Convention 108, Art. 2 (a).

인간과 관련된다. 그러므로, 자연인은 정보보호의 주된 수혜자이다. 나아가, 제29조 작업반의 의견에 따르면, *살아 있는 사람*만이 유럽 정보보호법에 의해 보호된다.[48]

ECHR 제8조에 관한 ECtHR의 판결은 사생활문제와 직업생활문제를 완전히 분리하는 것이 어려울 수 있다는 것을 보여준다.[49]

> 사례 : *Amann v. Switzerland* 사건[50]에서, 기관들은 청구인의 사업관련 통화를 도청하였다. 기관들은 그러한 통화에 근거하여 청구인을 조사하고, 국가안보카드색인에 청구인에 관한 카드를 기입하였다. 도청은 사업관련 통화와 관련된 것이었지만, ECtHR는 이러한 통화에 관한 정보의 저장을 청구인의 사생활과 관련되는 것으로 간주하였다. 재판소는 특히 사생활의 존중은 다른 사람과의 관계를 수립하고 발전시키는 것이기 때문에, '사생활' 개념은 제한적으로 해석되어서는 안된다고 지적하였다. 나아가서, '사생활' 관념으로부터 직업적 또는 사업적 성질의 활동을 배제하는 것을 정당화하는 원칙은 없었다. 이러한 넓은 해석은 조약 제108호의 해석과 상응하였다. ECtHR는 나아가 국내법이 정보의 수집, 기록과 저장에 관한 구체적이고 상세

48 Article 29 Working Party (2007), *Opinion 4/2007 on the concept of personal data*, WP 136, 20 June 2007, p. 22.

49 See, for example: ECtHR, *Rotaru v. Romania* [GC], No. 28341/95, 4 May 2000, para. 43; ECtHR, *Niemietz v. Germany*, 13710/88, 16 December 1992, para. 29.

50 ECtHR, *Amann v. Switzerland* [GC], No. 27798/95, 16 February 2000, para. 65.

한 규정을 포함하고 있지 않기 때문에, 청구인의 사건에서의 간섭은 법에 일치하지 않았다고 판결하였다. 그리하여, 재판소는 ECHR 제8조의 위반이 있었다고 결정하였다.

나아가서, 직업생활문제가 또한 정보보호의 대상이 될 수 있다면, 자연인만이 보호의 대상이 되어야 한다는 것은 의문이 있는 것처럼 보인다. ECHR에 의한 권리들은 자연인뿐만 아니라 모든 사람에게 보장된다.

ECHR 제8조에 의해 정보의 이용에 대한 보호권의 위반을 주장하는 법인의 청구에 대해 판결을 내린 ECtHR 판례가 있다. 그러나, 재판소는 사생활에 의해서가 아니라 가정 및 교신의 존중권에 의해 사건을 심리하였다.

사례 : *Bernh Larsen Holding AS and Others v. Norway* 사건[51]은 3개의 노르웨이회사가 공동으로 사용한 컴퓨터서버 상의 모든 데이터의 사본을 조세감사인에게 제공할 것을 명령하는 조세관청의 결정에 대해 3개의 노르웨이 회사들이 제기한 쟁송과 관련된 것이다.

ECtHR는 청구인 회사들에 대해 부과된 그러한 의무는 ECHR

51 ECtHR, *Bernh Larsen Holding AS and Others v. Norway*, No. 24117/08, 14 March 2013. See also, however, ECtHR, *Liberty and Others v. the United Kingdom*, No. 58243/00, 1 July 2008.

> 제8조의 목적상 '가정' 및 '교신'의 존중권에 대한 간섭을 형성한다고 판결하였다. 그러나, 재판소는 조세관청이 권한남용에 대한 실효적이고 적정한 안전장치를 가졌다고 판결하였다. 즉, 청구인 회사들은 사전에 통지를 잘 받았으며, 현지조사 중에 출석하여 의견을 제출할 수 있었고, 세무조사가 끝난 후에 관련자료가 파기되었다. 그러한 상황에서, 한편으로, 청구인 회사들의 '가정' 및 '교신'의 존중권과 그들 회사를 위해 일하는 사람들의 사생활의 보호이익과, 다른 한편으로, 조세평가목적으로 실효적인 조사를 보장한다고 하는 공익 간에 공정한 형량이 이루어졌다. 재판소는, 그러므로, 제8조의 위반이 없었다고 판결하였다.

조약 제108호에 따르면, 정보보호는 주로 자연인의 보호를 다룬다. 그러나, 체약당사국들은 정보보호를 국내법상의 회사 및 단체와 같은 법인에로 확장시킬 수 있다. **EU정보보호법**은, 일반적으로, 법인들과 관련되는 정보의 처리에 관하여 그 법인들의 보호를 포함하지 않는다. 국내입법자들은 그 문제에 관하여 자유롭게 규율할 수 있다.[52]

> 사례 : *Volker and Markus Schecke and Hartmut Eifert v. Land Hessen* 사건[53]에서, 농업보조금의 수혜자들과 관련되는 개인정

52 Data Protection Directive, Recital 24.

53 CJEU, Joined cases C-92/09 and C-93/09, *Volker and Markus Schecke GbR (C-92/09) and Hartmut Eifert (C-93/09) v. Land Hessen*, 9 November 2010, para. 53.

보의 공개에 대하여, CJEU는 "법인은 그 공식명칭이 자연인을 식별하는 경우에 한하여 그러한 식별과 관련하여 헌장 제7조와 제8조의 보호를 주장할 수 있다. 헌장 제7조와 제8조에 의해 인정된 개인정보의 처리와 관련된 사생활의 존중권은 식별된 또는 식별가능한 개인과 관련되는 정보에 관한 것이다"[54]라고 판결하였다.

사람의 식별가능성(Identifiability of a person)

CoE**법**과 EU**법**에서, 정보(information)는 다음과 같은 조건에서 사람에 관한 정보(data)를 포함한다.

- 개인이 이 정보에서 식별되거나, 또는
- 식별되지 않는다고 하더라도 좀 더 조사함으로써 정보주체가 누구인지 알아 볼 수 있게 하는 방식으로 개인에 대해 이 정보에서 기술되어 있는 경우

두 유형의 정보는 유럽정보보호법에 의하여 동일하게 보호된다. ECtHR는 ECHR에 의한 '개인정보'의 관념은 특히 식별된 또는 식별가능한 사람과 관련될 것의 조건에 관하여 조약 제108호에서와 동일하다고 반복하여 말해왔다.[55]

54 *Ibid.*, para. 52.

55 See ECtHR, *Amann v. Switzerland* [GC], No. 27798/95, 16 February 2000, para. 65 et al.

개인정보의 법적 개념정의들은 사람이 언제 식별되는 것으로 간주되는지에 대해 보다 명백히 하고 있지 않다.[56] 식별은 그가 다른 모든 사람들과 구별이 될 수 있고, 한 개인으로서 인식될 수 있는 방식으로 사람을 기술하는 요소들을 요구한다는 것은 분명하다. 사람의 이름은 그러한 기술요소의 주요한 사례이다. 예외적인 경우에, 다른 식별자들은 이름과 유사한 효과를 가질 수 있다. 예컨대, 공적 인물에 대해 유럽위원회 상임의장과 같이 그 사람의 지위를 말하는 것만으로도 충분할 수 있다.

사례 : *Promusicae* 사건[57]에서, CJEU는 "Promusicae에 의해 청구된 [특정한 인터넷 파일공유플랫폼의] 특정한 이용자들의 이름과 주소의 교부는 지침 95/46 제2조 제a호의 개념정의에 의하여, 개인정보, 즉, 식별된 또는 식별가능한 자연인과 관련되는 정보를 이용하는 것에 포함된다는 것에 다툼이 없다. Promusicae가 제출하고 Telefónica가 다투지 않는 것처럼, Telefónica에 의해 저장된 정보의 교부는, 지침 95/46 제2조 제b호와 병행하여 읽을 때, 지침 2002/58 제2조의 첫 째 문단의 의미에서의 개인정보의 처리를 형성한다"고 말하였다.

56 See also ECtHR, *Odièvre v. France* [GC], No. 42326/98, 13 February 2003; and ECtHR, *Godelli v. Italy*, No. 33783/09, 25 September 2012.

57 CJEU, C-275/06, *Productores de Música de España (Promusicae) v. Telefónica de España SAU*, 29 January 2008, para. 45.

많은 이름들이 유일하지 않기 때문에, 사람의 신원을 입증하기 위해서는 다른 사람과 혼동되지 않게 추가적인 식별자를 필요로 할 수 있다. 출생일과 출생지가 자주 사용된다. 그 밖에도, 시민들 간에 보다 잘 구별하기 위하여 몇몇 국가에서는 개인고유번호가 도입되었다. 지문, 디지털사진 또는 홍체스캔과 같은 생체정보가 기술시대에서 사람들을 식별하기 위해 점점 더 중요해지고 있다.

그러나, 유럽정보보호법을 적용할 수 있기 위해서는 정보주체의 높은 수준의 식별이 필요한 것은 아니다. 즉, 관련자는 식별가능하면 충분하다. 일부의 정보가 그 사람이 식별될 수 있는 식별의 요소를 직접적으로든 간접적으로든 포함하고 있다면, 그 사람은 식별가능한 것으로 간주된다.[58] 정보보호지침 리사이틀 26번에 따르면, 기준은 합리적인 식별수단이 이용가능할 것인지와 그 정보가 예측가능한 이용자들에 의해 관리될 것인지 여부이다. 이것은 제3자 수취인을 포함한다(2.3.2. 참조).

사례 : 한 지방자치단체가 지방도에서 자동차속도에 관한 정보를 수집하기로 결정한다. 그 지방자치단체는 제한속도를 위반한 자동차들에 범칙금을 부과할 수 있도록 그 정보를 관할기관에 건네주기 위하여 자동차들의 사진을 촬영하고, 자동적으로 시간과 위치를 기록한다. 정보주체는 지방자치단체가 그러한 정보수집에 대해 정보보호법에 의한 법적 근거를 가지고 있지

58 Data Protection Directive, Art. 2 (a).

않다고 주장하며, 소송을 제기한다. 지방자치단체는 개인정보를 수집하지 않는다고 주장한다. 자동차번호판은 익명인에 관한 정보라고 말한다. 지방자치단체는 자동차 소유주 또는 운전자의 신원을 알기 위하여 일반자동차대장에 접근할 법적 권한을 가지고 있지 않다.

이러한 논리는 정보보호지침 리사이틀 26번과 일치하지 않는다. 정보수집의 목적은 과속운전자들을 신원확인하여 범칙금을 부과하려는 것이 명백하다고 한다면, 신원확인을 하고자 하는 시도가 이루어질 것은 예상가능하다. 지방자치단체는 비록 직접적으로 이용가능한 신원확인수단을 가지고 있지 않지만, 그러한 수단을 가지고 있는 관할기관인 경찰에 그 정보를 건넬 것이다. 리사이틀 26번은 또한 직접적인 정보이용자가 아닌 정보수취인들도 개인을 신원확인하고자 하는 시도를 예상할 수 있는 경우의 시나리오도 명시적으로 포함시키고 있다. 리사이틀 26번의 관점에서, 지방자치단체의 행위는 식별가능한 사람에 대한 정보를 수집하는 것과 동등하며, 따라서, 정보보호법에 의한 법적 근거를 요구한다.

CoE법에서도, 식별가능성은 동일하게 이해되고 있다. 예컨대, 결제정보권고[59] 제2조 제1항은 신원확인에 합리적이지 않게 많은 시

59 CoE, Committee of Ministers (1990), Recommendation No. R Rec(90) 19 on the protection of personal data used for payment and other related operations, 13 September 1990.

간, 비용 또는 인력이 필요하다면, 그 사람은 '식별가능한' 것으로 간주되지 않는다고 기술하고 있다.

인증(Authentication)

이것은 어떤 사람이 특정한 신분을 보유하고 있고, 그리고/또는 보안구역에 들어가거나 은행계좌에서 돈을 인출하는 것과 같은 특정한 일을 할 권한이 부여되어 있다는 것을 입증할 수 있는 절차이다. 인증은 여권의 사진이나 지문과 같은 생체정보를 예컨대 출입국관리사무소에 출두하는 사람의 정보와 비교함으로써, 또는 일정한 신원이나 승인을 받은 사람에게만 알려진 정보, 예컨대 개인식별번호(PIN)나 패스워드를 요구함으로써, 또는 일정한 신원이나 승인을 받은 사람만이 소유하는 일정한 표시, 예컨대 은행금고의 특별한 칩카드나 키의 제시를 요구함으로써 얻어질 수 있다. 전자서명은 패스워드나 칩카드와는 별개로, 때때로 개인식별번호(PINs)와 같이 사용되어, 전자통신에서 특별히 사람을 식별하고 인증할 수 있는 수단이다.

정보의 성질(Nature of the data)

어떠한 종류의 정보도 그것이 사람과 관련이 된다면 개인정보가 될 수 있다.

사례 : 직원의 인사파일에 저장된 관리자의 직원업무성취도평가는 예컨대, "직원은 업무에 몰두하지 않는다"와 같은 관리자의 개인적 의견과 예컨대 "직원은 지난 6개월 동안 5주 결근하였다"와 같은 확실한 정보가 아닌 것을 부분적으로 또는 전체적으로 반영할 수 있다고 할지라도 그 직원에 관한 개인정보이다.

개인정보는 직업생활 또는 공적 생활에 관한 정보뿐만 아니라 사생활에 속하는 정보도 해당이 된다.

Amann 사건[60]에서, ECtHR는 '개인정보' 용어를 개인의 사적 측면의 문제로 제한되지 않는 것으로 해석하였다(2.1.1 참조). '개인정보' 용어의 이러한 의미는 또한 정보보호지침과도 관련성이 있다.

사례 : *Volker and Markus Schecke and Hartmut Eifert v. Land Hessen* 사건[61]에서, CJEU는 "출판된 정보가 직업적 성질의 활동들과 관련된다는 것은 이러한 면에서 관련성이 없다. 유럽인권재판소는, 조약 제8조의 해석과 관련하여, 이 점에 대하여 '개인정보' 용어는 제한적으로 해석되어서는 안되며, 직업적 성질의 활동을 사생활 관념으로부터 배제하는 것을 정당화시키는 원칙도 이유 없다고 판결하였다"고 말하였다.

60 See ECtHR, *Amann v. Switzerland*, No. 27798/95, 16 February 2000, para. 65.

61 Joined cases C-92/09 and C-93/09, *Volker und Markus Schecke GbR and Hartmut Eifert v. Land Hessen*, 9 November 2010, para. 59.

정보(data)는 정보(information)의 내용이 간접적으로 사람에 대한 정보(data)를 나타낸다면 또한 사람과 관련된다. 몇몇 경우에, 한편으로 예컨대 모바일 폰, 자동차, 사고와 같은 물체나 사건과, 다른 한편으로 예컨대 그 소유주, 이용자, 희생자와 같은 사람과의 사이에 밀접한 관계가 있는 경우에, 물체나 사건에 대한 정보는 또한 개인정보로 간주되어야 한다.

> 사례 : Uzun v. Germany 사건[62]에서, 청구인과 다른 한 사람은 폭탄공격에 관련된 혐의로 다른 사람의 차에 부착된 위성위치확인시스템(GPS)에 의한 감시에 놓였다. 이 사건에서, ECtHR는 GPS에 의한 청구인의 감시는 ECHR 제8조에 의해 보호된 사생활의 간섭에 해당한다고 판결하였다. 그러나, GPS감시는 몇 건의 살인미수사건의 수사라고 하는 정당한 목적에 비례적일뿐만 아니라 법에 일치하였으며, 따라서, 민주사회에서 필요하였다. 재판소는 ECHR 제8조의 위반이 없었다고 판결하였다.

정보의 발현형태(Form of appearance of the data)

개인정보가 저장되거나 이용되는 형태는 정보보호법의 적용가능성과 관련이 없다. 서면이나 구어식 커뮤니케이션은 폐쇄회로텔레비전(CCTV)의 장면[63]이나 사운드[64]를 포함하여 이미지[65]뿐만 아니

62 ECtHR, *Uzun v. Germany*, No. 35623/05, 2 September 2010.

63 ECtHR, *Peck v. the United Kingdom*, No. 44647/98, 28 January 2003; ECtHR, *Köpke v. Germany*, No. 420/07, 5 October 2010.

64 Data Protection Directive, Recitals 16 and 17; ECtHR, *P.G. and J.H. v. the*

라 개인정보를 포함할 수 있다. 서면정보뿐만 아니라 전자적으로 기록된 정보도 개인정보일 수 있고, 인간피부의 세포샘플도 그것이 사람의 DNA를 기록한 것이기 때문에 개인정보가 될 수 있다.

2.1.2. 특별한 범주의 개인정보(Special categories of personal data)

CoE**법**과 EU**법**에서는, 처리될 경우에 그 성질상 정보주체에게 위험을 초래할 수 있어서 강화된 보호가 필요한 특별한 범주의 개인정보가 있다. 이러한 특별한 범주의 정보('민감정보')의 처리는 따라서 특별한 안전장치가 있는 경우에만 허용되어야 한다.

민감정보의 개념정의에 대하여, 조약 제108호(제6조)와 정보보호지침(제8조)은 다음의 범주를 말한다.

- 인종적 또는 민족적 출신을 나타내는 개인정보 ;
- 정치적 의견, 종교적 또는 다른 신념 ; 그리고
- 건강이나 성생활에 관한 개인정보

사례 : *Bodil Lindqvist* 사건[66]에서, CJEU는 "개인이 발을 다쳐서 치료 때문에 쉬고 있는 중이라는 사실은 지침 95/46 제8조 제1항의 건강에 관한 개인정보를 형성한다."고 말하였다.

United Kingdom, No. 44787/98, 25 September 2001, paras. 59 and 60; ECtHR, *Wisse v. France*, No. 71611/01, 20 December 2005.

65 ECtHR, *Von Hannover v. Germany*, No. 59320/00, 24 June 2004; ECtHR, *Sciacca v. Italy*, No. 50774/99, 11 January 2005.

66 CJEU, C-101/01, *Bodil Lindqvist*, 6 November 2003, para. 51.

정보보호지침은 추가적으로 '노동조합원'을 민감정보로 기재하고 있다. 이러한 정보는 정치적 신조나 가입의 강력한 표시가 될 수 있기 때문이다.

조약 제108호는 또한 유죄판결과 관련되는 개인정보도 민감하다고 간주한다.

정보보호지침 제8조 제7항은 EU 회원국들에게 "국민식별번호 또는 일반적으로 적용되는 다른 식별자가 처리될 수 있는 조건을 결정할" 권한을 위임하고 있다.

2.1.3. 익명화 정보와 가명화 정보(Anonymised and pseudonymised data)

조약 제108호와 정보보호지침에 포함된(그리고 제3장에서 보다 자세히 논의가 되는) 정보보유제한의 원칙에 따르면, 정보는 "그 정보가 수집된 또는 그에 이어 처리되는 목적을 위해 필요한 기간보다 길지 않은 기간 동안 정보주체의 식별을 허용하는 형태로"[67] 보유되어야 한다. 그러므로, 정보는 그것이 오래되어 더 이상 원래의 목적에 사용되지 않게 된 후에도, 관리자가 그 정보를 저장하기를 원한다면 익명화되어야 한다.

익명화 정보(Anonymised data)

정보는 모든 식별요소가 개인정보로부터 제거되었다면 익명화된

67 Data Protection Directive, Art. 6 (1) (e); and Convention 108, Article 5 (e).

것이다. 그 정보에는 합리적인 노력에 의한다면 관계인을 다시 식별할 수 있는 요소가 남아 있어서는 안된다.[68] 정보가 성공적으로 익명화된 경우에, 그 정보는 더 이상 개인정보가 아니다.

만일 개인정보가 더 이상 원래의 목적에 쓰이지 않지만, 역사적, 통계적 또는 과학적 이용을 위하여 개인화된 형태로 보유될 필요가 있다면, 정보보호지침과 조약 제108호는 오용에 대한 적절한 안전장치가 적용되는 것을 조건으로 하여 이러한 가능성을 허용하고 있다.[69]

가명화 정보(Pseudonymised data)

개인정보는 이름, 생년월일, 성별 및 주소와 같은 식별자들을 포함한다. 개인정보가 가명화되는 경우, 식별자들은 하나의 가명(pseudonym)으로 대체된다. 가명화는 예컨대, 개인정보의 식별자들의 암호화에 의해 달성된다.

가명화 정보는 조약 제108호 또는 정보보호지침의 법적 개념정의에서는 명시적으로 언급되어 있지 않다. 그러나, 조약 제108호 해설보고서 제42조는 "이름과 연결된 형태의 정보의 저장기간에 관한 요건은 그 정보가 일정한 시간이 지난 후 관련되는 사람의 이름을 회복불가능하게 분리하여야 한다는 것을 의미하는 것이 아니라, 정보와 식별자가 용이하게 연결될 수 없어야 한다는 것을 의미할 뿐

68 *Ibid.*, Recital 26.

69 *Ibid.*, Art. 6 (1) (e); and Convention 108, Article 5 (e).

이다"라고 기술하고 있다. 이것은 정보를 가명화함으로써 달성될 수 있는 효과이다. 암호 해독키를 가지고 있지 않은 사람은 누구나 가명화 정보를 식별할 수 있으려면 어려움을 겪을 수 있다. 신원확인을 위한 장치로서는 암호 해독키에 더하여 가명화의 형태가 존재한다. 암호 해독키를 사용할 권한 있는 사람들에게 재식별은 손쉽게 할 수 있다. 권한 없는 사람이 암호화키를 사용하지 못하도록 특별히 방비하여야 한다.

개인정보 사용을 완전히 제지할 수 없는 경우에, 정보의 가명화가 정보보호를 대규모로 달성할 수 있는 가장 중요한 수단의 하나이기 때문에, 그러한 행위의 로직과 효과는 보다 자세히 설명되어야 한다.

사례 : 예컨대, "1967년 4월 3일생인 찰스 스펜서는 2명의 소년과 2명의 소녀, 총 4명 아동의 가정의 아버지이다"는 문장은 다음과 같이 가명화될 수 있다.

"C.S. 1967년은 2명의 소년과 2명의 소녀, 총 4명 아동의 가정의 아버지이다" ; 또는

"324는 2명의 소년과 2명의 소녀, 총 4명 아동의 가정의 아버지이다" ; 또는

"YESz3201은 2명의 소년과 2명의 소녀, 총 4명 아동의 가정의 아버지이다".

이러한 가명화 정보에 접근하는 이용자들은 보통 "324"나 "YESz3201"로부터 "1967년 4월 3일생인 찰스 스펜서"를 식별할 능력이 없을 것이다. 따라서, 가명화 정보는 오용으로부터 보다 안전할 수 있다.

그러나, 첫 번째 사례는 보다 덜 안전하다. 만일 "C.S. 1967년은 2명의 소년과 2명의 소녀, 총 4명 아동의 가정의 아버지이다"라는 문장은 찰스 스펜서가 살고 있는 작은 마을에서 사용된다면, 스펜서씨는 쉽게 인식될 수 있을 것이다. 가명화의 방법이 정보보호의 실효성에 영향을 주고 있다.

암호화된 식별자로 이루어진 개인정보는 사람의 신원을 비밀로 유지하고자 하는 수단으로 이용되는 경우가 많다. 이것은 정보관리자가 동일한 정보주체들을 취급하고 있지만 그 정보주체들의 실제 신원을 요구하지 않거나 가져서는 안되는 것을 보장할 필요가 있는 경우에 특히 유용하다. 예컨대, 이러한 사례로서는 한 연구자가 환자들의 질병의 진행과정을 연구하는 경우에, 그 연구자의 신원은 그 환자들을 치료한 병원에만 알려지고, 연구자는 병원으로부터 가명화된 과거의 치료사례를 얻는 경우를 들 수 있다. 가명화는, 따라서, 프라이버시 강화기술과 강력히 연결되어 있다. 가명화는 디자인에 의한 프라이버시(privacy by design)의 실행에도 중요한 요소로 기능할 수 있다. 이것은 정보보호를 발달된 정보처리시스템의 구조로 건설하는 것을 의미한다.

2.2. 정보처리(Data processing)

요점

- '처리' 용어는 주로 자동화된 처리를 말한다.
- EU법에서, '처리'는 구조화된 파일링시스템에서 수동적 처리를 추가하여 말한다.
- CoE법에서, '처리'의 의미는 국내법으로 수동적 처리를 포함하는 것으로 확장될 수 있다.

조약 제108호와 정보보호지침에 의한 정보보호는 주로 자동화된 정보처리에 초점이 맞추어진다.

그러나, CoE**법**에서, 자동적 처리의 개념정의는 개인정보의 수동적 이용의 단계가 자동화된 처리 사이에서 요구될 수 있음을 인정한다. 마찬가지로, EU**법**에서도, 자동화된 정보처리는 "자동적 수단에 의해 전체적으로 또는 부분적으로 개인정보에 대해 이루어진 작용"이라고 정의된다.[70]

사례 : *Bodil Lindqvist* 사건[71]에서, CJEU는 다음과 같이 판결하였다.

70 Convention 108, Art. 2 (c); and Data Protection Directive, Art. 2 (b) and Art. 3 (1).

71 CJEU, C-101/01, *Bodil Lindqvist*, 6 November 2003, para. 27.

> "인터넷페이지에 여러 사람들을 언급하고, 예컨대 전화번호나 근무조건이나 취미에 관한 정보를 제공함으로써 이름이나 다른 수단에 의해 식별하는 행위는 지침 95/46 제3조 제1항에서의 '자동적 수단에 의한 전체적 또는 부분적인 개인정보의 처리'를 형성한다."

수동적 정보처리에도 또한 정보보호를 필요로 한다.

EU법에 의한 정보보호는 결코 자동화된 정보처리에 한정되지 않는다. 따라서, EU법에서, 정보보호는 수동적 파일링시스템, 즉, 특별히 구조화된 종이파일에서의 개인정보의 처리에 적용된다.[72] 정보보호의 이와 같은 확장이유는 다음과 같다.

- 종이파일은 정보를 빠르고 쉽게 발견하게 해주는 방식으로 구조화될 수 있다 ; 그리고
- 구조화된 종이파일로 개인정보를 저장함으로써 자동화된 정보처리에 대해 법률로 규정된 제한을 쉽게 우회하게 한다.[73]

CoE법에서, 조약 제108호는 주로 자동화된 정보파일에서의 정보처리를 규제한다.[74] 그러나, 동 조약은 또한 국내법으로 수동적 처리에 대한 보호까지 확장할 수 있음을 규정하고 있다. 조약 제108호

---

72 Data Protection Directive, Art. 3 (1).

73 *Ibid.*, Recital 27.

74 Convention 108, Art. 2 (b).

다수의 체약당사국들은 이러한 가능성을 활용하였으며, CoE 사무총장에게 이러한 취지를 신고하였다.[75] 이러한 신고에 의한 정보보호의 확장은 모든 수동적 정보처리에 관계되어야 하며, 수동적 파일링시스템에서의 처리로 한정될 수 없다.[76]

처리작용의 성질과 관련하여 보면, **EU법**과 **CoE법**에서의 처리의 개념은 포괄적이다. "'개인정보의 처리'는 개인정보에 대해 이루어진 수집, 기록, 편성, 저장, 편집이나 변경, 검색, 참조, 이용, 전송에 의한 공개, 배포나 그밖의 방법에 의한 이용, 연결이나 결합, 차단, 삭제 또는 파기와 같은 모든 작용을 의미한다."[77] '처리'라는 용어는 또한 정보가 한 관리자의 책임에서 다른 관리자의 책임으로 이전되는 행위를 포함한다.

사례 : 고용주는 급여와 관련된 정보를 포함하여 고용인들에 관한 정보를 수집하고 처리한다. 적법하게 그렇게 할 수 있는 법적 근거는 노동계약이다.

고용주들은 직원의 급여정보를 조세관청에 발송해야 할 것이다. 이러한 정보의 발송은 또한 조약 제108호와 지침에서의 '처리'가 될 것이다. 그러나, 그러한 공개의 법적 근거는 노동계약이 아니다. 고용주로부터 조세관청에로의 급여정보의 이전이라는

75 See the declarations made under Convention 108, Art. 3 (2) (c).

76 See the wording of Convention 108, Art. 3 (2).

77 Data Protection Directive, Art. 2 (b). Similarly, see also Convention 108, Art. 2 (c).

처리작용에는 추가적인 법적 근거가 요구된다. 이러한 법적 근거는 보통 국가조세법 규정에 포함된다. 그러한 규정없이, 정보를 이전하는 것은 불법적인 처리가 될 것이다.

2.3. 개인정보의 이용자(The users of personal data)

요점

- 타인들의 개인정보를 처리하기로 결정한 자는 정보보호법에 의한 '관리자'이다. 만일 여러 사람들이 이러한 결정을 함께 취한다면, 그들은 '공동관리자'일 수 있다.
- '처리자'는 관리자를 대신하여 개인정보를 처리하는 법적으로 별개의 존재이다.
- 처리자는 그가 관리자의 지시에 따르지 않고 자신의 목적을 위하여 정보를 사용한다면 관리자가 된다.
- 관리자로부터 정보를 수취하는 자는 '수취인'이다.
- '제3자'는 관리자의 지시에 따라 행동하지 않는 자연인 또는 법인이다(그리고 정보주체는 아니다).
- '제3자 수취인'은 관리자와 법적으로 분리된, 그러나 관리자로부터 개인정보를 수취하는 사람 또는 단체이다.

2.3.1. 관리자와 처리자(Controllers and processors)

관리자 또는 처리자가 된다는 것의 가장 중요한 결과는 정보보호법에 의한 각자의 의무를 준수할 법적 책임이다. 따라서, 적용가능한 법에 의해 책임을 질 수 있는 자들만이 이들 지위를 맡을 수 있다. 사적 영역에서 이것은 자연인이거나 법인인 것이 일반적이다. 그러나, 공적 영역에서는 기관인 것이 일반적이다. 법인격이 없는 기구나 기관들과 같은 존재들은 특별한 법규정이 그렇게 규정하는 경우에만 관리자 또는 처리자가 될 수 있다.

> 사례 : 선샤인 회사의 마케팅부서가 시장조사를 위하여 정보를 처리할 계획을 세울 때, 마케팅부서가 아니라 선샤인 회사가 그러한 처리의 관리자가 될 것이다. 마케팅부서는 별개의 법적 존재가 아니기 때문에 관리자가 될 수 없다.

그룹회사들에서, 모회사와 각각의 자회사들은 별개의 법인이기 때문에 별개의 관리자 또는 처리자로 계산된다. 이와 같은 법적으로 별개의 지위의 결과로서, 그룹회사들 간의 정보의 이전은 특별한 법적 근거를 필요로 하게 될 것이다. 회사그룹내의 별개의 법적 존재들 간의 그와 같은 개인정보의 교환을 허용하는 것에 특혜는 없다.

사인의 역할이 이러한 관점에서 언급될 필요가 있다. EU**법**에 있어서, 순수하게 사적 또는 가사적 활동 중에 타인에 대한 정보를 처

리할 때, 사인은 정보보호지침의 규율을 받지 않는다. 즉, 그들은 관리자로 간주되지 않는다.[78]

그러나, 그럼에도 불구하고, 판례는 사인이 인터넷을 사용하는 중에 타인에 관한 정보를 공개하는 경우에 정보보호법이 적용될 것이라고 판결하였다.

사례 : CJEU는 *Bodil Lindqvist* 사건[79]에서 다음과 같이 주장하였다.

"인터넷페이지 상에 여러 사람들을 언급하고, 이름이나 다른 수단에 의해 식별하게 하는 행위는 지침 95/46 제3조 제1항의 의미 내에서의 '자동적 수단에 의한 전체적 또는 부분적인 개인정보의 처리'를 형성한다."[80]

이러한 개인정보의 처리는 정보보호지침의 적용범위 밖에 있는 순수한 사적 또는 가사적 활동에 해당하지 않는다. 왜냐하면, 이러한 예외는 "개인의 사생활이나 가족생활 중에 수행된 활동들과만 관련되는 것으로 해석되어야 하고, 이것은 그들 정보가 무수한 사람에게 접근할 수 있는 인터넷상에서의 공개에 해당하는 개인정보 처리의 경우에는 해당하지 않는 것이 명백하다."[81]

78 Data Protection Directive, Recital 12 and Art. 3 (2) last indent.

79 CJEU, C-101/01, *Bodil Lindqvist*, 6 November 2003.

80 *Ibid.*, para. 27.

81 *Ibid.*, para. 47.

관리자(Controller)

EU법에서, 관리자는 "홀로 또는 타인들과 공동으로 개인정보의 처리의 목적과 수단을 결정하는"[82] 사람으로 정의된다. 관리자의 결정은 정보가 왜 그리고 어떻게 처리될 것인지를 결정한다. CoE법에서, '관리자' 개념정의는 관리자가 저장되는 개인정보의 범위를 결정할 것을 추가적으로 언급한다.[83]

조약 제108호는 관리자의 개념정의에서 고려가 요구되는 관리자직(controllership)의 다른 측면을 언급한다. 이 개념정의는 누가 특정한 목적을 위하여 특정한 정보를 적법하게 처리할 수 있는지의 문제를 언급한다. 그러나, 주장에 의하면 불법적인 처리작용이 발생하여 책임있는 관리자를 찾아내야 하는 경우에, 책임있는 관리자는 법적으로 그렇게 할 법적 권한이 있는지 여부와 관계없이[84] 정보를 처리하도록 결정한 회사 또는 기관과 같은 사람 또는 단체가 될 것이며, 그것이 관리자로 간주될 것이다. 따라서, 삭제청구는 항상 '사실상의' 관리자에게 이루어져야 한다.

공동관리자(Joint controllership)

정보보호지침에서의 '관리자' 개념정의는 타인과 함께 또는 공동으로 관리자로서 행위하는 복수의 법적으로 별개의 존재가 또한 있

82 Data Protection Directive, Art. 2 (d).

83 Convention 108, Art. 2 (d).

84 See also Article 29 Working Party (2010), *Opinion 1/2010 on the concepts of 'controller' and 'processor'*, WP 169, Brussels, 16 February 2010, p. 15.

을 수 있다고 규정하고 있다. 이것은 그들이 공유된 목적을 위하여 정보를 함께 처리하기로 결정한다는 것을 의미한다.[85] 그러나, 이것은 특별한 법적 근거가 공동목적을 위하여 공동으로 정보를 처리할 것을 규정하고 있는 경우에만 법적으로 가능하다.

> 사례 : 연체고객에 대해 여러 신용기관들이 공동으로 운영하고 있는 데이터베이스가 공동관리자의 흔한 사례이다. 누군가 공동관리자들의 하나인 은행으로부터 신용한도를 요청할 때, 은행들은 데이터베이스를 체크하여, 신청인의 신용도에 대해 사전지식을 가지고 결정을 할 수 있게 된다.

규칙들은 공동관리자가 각 관리자들에게 동일한 목적을 가질 것을 요구하는지 또는 그들 목적이 부분적으로만 겹쳐도 충분한지 여부에 대해 명시적으로 규정하고 있지 않다. 그러나, 유럽 차원에서의 관련판례는 아직 존재하지 않으며, 또한 책임에 대한 결과에 대해서도 명확하지 않다. 제29조작업반은 점점 더 복잡해지는 현재의 정보처리 현실에 대처하기 위하여 탄력성을 허용할 목적으로 공동관리자를 보다 넓게 해석하는 것을 지지한다.[86] 국제은행간금융통신협회(SWIFT)를 포함하는 사건은 작업반의 입장을 잘 설명한다.

---

85 Data Protection Directive, Art. 2 (d).

86 Article 29 Working Party (2010), *Opinion 1/2010 on the concepts of 'controller' and 'processor'*, WP 169, Brussels, 16 February 2010, p. 19.

사례 : 이른바 SWIFT 사건에서, 유럽은행기관들은 은행거래에서 정보전송을 위하여 처음에는 처리자로서 SWIFT를 이용하였다. SWIFT는 그것을 이용한 유럽은행기관들의 명시적인 지시도 없이 미국내에 있는 컴퓨터서비스센터에 저장된 이들 은행거래정보를 미국재무부에 공개하였다. 제29조작업반은 이 상황의 적법성을 평가함에 있어서, SWIFT 뿐만 아니라 SWIFT를 이용하는 유럽은행기관들도 미국기관들에 정보를 공개한 것에 대해 유럽고객에게 책임이 있는 공동관리자들로 간주되어야 한다는 결론에 이르렀다.[87] SWIFT는 공개에 대해 결정함으로써 불법적으로 관리자의 역할을 떠맡았다. 그리고, 은행기관들은 처리자를 감독할 의무를 다하지 못하였음이 명백하였고, 따라서, 관리자로서의 책임으로부터 완전히 면제될 수 없었다. 이러한 상황은 결과적으로 공동관리자가 된다.

처리자(Processor)

처리자는 관리자를 대신하여 개인정보를 처리하는 자로 EU**법**에서 정의된다.[88] 처리자에게 위탁된 활동들은 대단히 특정한 업무에 한정될 수 있고 또는 대단히 일반적이고 포괄적이 될 수도 있다.

CoE**법**에서, 처리자의 의미는 EU법에서와 같다.

---

87 Article 29 Working Party (2006), *Opinion 10/2006 on the processing of personal data by the Society for Worldwide Interbank Financial Telecommunication (SWIFT)*, WP 128, Brussels, 22 November 2006.

88 Data Protection Directive, Art. 2 (e).

처리자들은 타인을 위해 정보를 처리하는 이외에도, 또한 그 자신의 목적들, 예컨대, 자기 고용인의 관리, 판매 및 회계를 위하여 수행하는 처리와 관련하여, 그 자신의 권리에서 정보관리자가 될 것이다.

사례들 : 에버레디 회사는 다른 회사들을 위하여 인적자원정보의 관리를 위한 정보처리가 전문이다. 이러한 기능에서, 에버레디는 처리자이다.

그러나, 에버레디가 자기의 고용인의 정보를 소유하는 경우에, 그것은 고용주로서의 의무를 완수하기 위한 정보처리작용의 관리자이다.

관리자와 처리자 간의 관계(The relationship between controller and processor)

위에서 살펴 본 바와 같이, 관리자는 처리의 목적과 수단을 결정하는 자로 정의된다.

사례 : 선샤인 회사의 중역은 시장분석전문기업인 문라이트 회사가 선샤인 고객정보의 시장분석을 수행할 것을 결정한다. 처리의 수단을 결정한다는 과제는 문라이트에 위임될 것이지만, 계약에 따르면, 문라이트는 선샤인이 결정하는 목적들을 위하여서만 선샤인 회사의 고객정보를 이용할 수 있기 때문에, 선샤인 회사는 관리자이고, 문라이트는 단지 처리자일 뿐이다.

만일 처리의 수단을 결정할 권한이 처리자에게 위임된다면, 관리자는, 그럼에도 불구하고, 처리의 수단에 관하여 처리자의 결정에 간섭할 수 있어야 한다. 전반적인 책임은 처리자의 결정이 정보보호법을 준수할 것을 보장하기 위하여 처리자를 감독해야 하는 관리자에게 존재한다. 그러므로, 관리자가 처리자의 결정에 간섭하는 것을 금지하는 계약은 양 당사자가 관리자의 법적 책임을 공유하기 때문에 아마도 공동관리자가 되는 것으로 해석될 것이다.

나아가, 처리자는 관리자가 규정한 정보 이용의 한계를 존중하지 않는다면, 적어도 관리자의 지시를 위반하는 범위에서는 관리자로 될 것이다. 이로 인해, 처리자는 불법적으로 행위하는 관리자가 될 것이다. 그리고, 원래의 관리자는 처리자가 어떻게 명령을 위반할 수 있었는지에 대해서 설명하여야 할 것이다. 사실, 이러한 해석이 정보주체의 이익의 보호에 최선의 결과를 가져오기 때문에, 제29조작업반은 그러한 경우에 공동관리자로 추정하는 경향이 있다.[89] 공동관리자의 중요한 결과는 연대배상책임이어야 하며, 그것은 정보주체들에게 보다 폭넓은 권리구제를 제공하게 될 것이다.

관리자가 소기업이고 처리자가 서비스조건을 결정할 권한을 가지는 대기업인 경우에, 책임의 배분에 대해 또한 문제가 될 수 있다. 그러나, 그러한 경우에 제29조작업반은 책임기준이 경제적 불

89 Article 29 Working Party (2010), *Opinion 1/2010 on the concepts of 'controller' and 'processor'*, WP 169, Brussels, 16 February 2010, p. 25; and Article 29 Working Party (2006), *Opinion 10/2006 on the processing of personal data by the Society for Worldwide Interbank Financial Telecommunication (SWIFT)*, WP 128, Brussels, 22 November 2006.

균형을 이유로 인해 완화되어서는 안되며, 관리자 개념의 이해는 유지되어야 한다고 주장한다.[90]

명확성과 투명성을 확보하기 위하여, 관리자와 처리자 간의 관계의 세부내용이 서면계약으로 기록되어야 한다.[91] 이러한 계약이 없다는 것은 상호책임에 관한 문서를 제공할 관리자의 의무를 위반한 것이며, 제재를 받을 수 있다.[92]

처리자는 다시 하위 처리자에게 일정한 업무를 위탁하기를 원할 수 있다. 이것은 법적으로 허용될 수 있으며, 그 경우에 관리자의 승인이 필요한지 여부, 또는 단지 통지만으로 충분한지 여부를 포함하여, 세부적으로는 관리자와 처리자 간의 계약조건에 의하게 될 것이다.

CoE법에서, 관리자와 처리자 개념의 해석은, 위에서 설명한 바와 같이, 조약 제108호에 따라서 발전되어온 권고에 의해 제시되고 있는 것처럼, 완전히 적용가능하다.[93]

2.3.2. 수취인과 제3자(Recipients and third parties)

정보보호지침에 의해 도입된 이들 두 개의 범주의 사람이나 존재

90 Article 29 Working Party (2010), *Opinion 1/2010 on the concepts of 'controller' and 'processor'*, WP 169, Brussels, 16 February 2010, p. 26.

91 Data Protection Directive, Art. 17 (3) and (4).

92 Article 29 Working Party (2010), *Opinion 1/2010 on the concepts of 'controller' and 'processor'*, WP 169, Brussels, 16 February 2010, p. 27.

93 See, for example, Profiling Recommendation, Art. 1.

들 간의 차이는 주로 관리자와의 관계에 있으며, 따라서, 관리자가 보유한 개인정보에 접근할 권한에 있게 된다.

'제3자'는 관리자와는 법적으로 다른 자이다. 그러므로, 정보를 제3자에게 공개하는 것은 항상 특별한 법적 근거를 필요로 한다. 정보보호지침 제2조 제f호에 따르면, 제3자는 "정보주체가 아닌 모든 자연인이나 법인, 공적 기관, 에이전시 또는 다른 기구, 관리자, 처리자와 관리자나 처리자의 직접적인 권한에 의해 정보를 처리할 권한이 부여된 사람"이다. 이것은 동일한 그룹이나 지주회사에 속한다고 할지라도 관리자와 법적으로 다른 조직을 위해 일하는 사람들이 '제3자'가 되는 것(에 속하는 것)을 의미한다. 다른 한편, 본점의 직접적인 권한에 의해 고객계좌를 처리하는 은행지점은 '제3자'에 속하지 않게 된다.[94]

'수취인'은 '제3자'보다 넓은 용어이다. 정보보호지침 제2조 제g호의 의미에서, 수취인은 "제3자이든 아니든, 정보가 공개되는 자연인 또는 법인, 공적 기관, 에이전시 또는 다른 기구"를 의미한다. 이러한 수취인은 관리자나 처리자 이외의 자－그래서 이 경우에는 제3자가 될 것이다－ 또는 동일한 회사나 기관 내의 고용인이나 다른 부서와 같은 관리자 또는 처리자의 내부인일 수 있다.

수취인과 제3자 간의 구별은 정보의 적법한 공개의 조건들을 이유로 하여서만 중요하다. 관리자나 처리자의 고용인들은 그들이 관

94 Article 29 Working Party (2010), *Opinion 1/2010 on the concept of 'controller' and 'processor'*, WP 169, Brussels, 16 February 2010, p. 31.

리자나 처리자의 처리작용에 관여한다면 추가적인 법적 요건 없이도 개인정보의 수취인이 될 수 있다. 다른 한편, 제3자는 관리자나 처리자와 법적으로 별개이기 때문에, 개별적인 경우에 개별적인 법적 근거에 의하지 않으면, 관리자에 의해 처리된 개인정보를 이용할 권한이 없다. 그러므로, 정보의 '제3자 수취인'은 개인정보를 적법하게 수취할 법적 근거를 항상 필요로 한다.

사례 : 고용주로부터 위탁받은 업무의 범위 내에서 개인정보를 이용하는 처리자의 고용인은 정보의 수취인이지만, 처리자의 이름으로 그리고 그 지시에 따라서 정보를 이용하기 때문에 제3자는 아니다.

그러나, 동일한 고용인이 만일 자신의 목적을 위하여 처리자의 고용인으로서 접근할 수 있는 정보를 이용하고, 다른 회사에 그 정보를 판매하기로 결정한다면, 그 고용인은 제3자로서 행위한 것이다. 그는 더 이상 처리자(고용주)의 명령을 따르지 않고 있다. 제3자로서, 고용인은 정보를 취득하고 판매하는 법적 근거를 필요로 할 것이다. 이러한 사례에서, 고용인은 그러한 법적 근거를 소유하지 않은 것이 확실하고, 그래서 이들 행위는 불법이다.

2.4. 동의(Consent)

요점

- 개인정보 처리의 법적 근거로서의 동의는 자유롭고, 정보가 제공되며, 구체적이어야 한다.
- 동의는 애매모호하지 않게 주어졌어야 한다. 동의는 정보주체가 자기 정보의 처리에 동의한다는 것을 의문의 여지가 없는 방식으로 행위함으로써 명시적으로든 암묵적으로든 부여될 수 있다.
- 동의에 근거한 민감정보의 처리에는 명시적인 동의가 요구된다.
- 동의는 언제라도 철회될 수 있다.

동의는 "자유롭게 부여된 구체적이며 정보가 제공된 정보주체의 의사표시"[95]를 의미한다. 그것은 많은 경우에 적법한 정보처리의 법적 근거이다(4.1. 참조).

2.4.1. 유효한 동의의 요소(The elements of valid consent)

EU법은 동의가 유효하기 위한 세 가지 요소를 규정하고 있다. 이는 정보주체가 진정으로 자기 정보의 이용을 동의한 것을 의미했음을 보장하기 위한 것이다.

95 Data Protection Directive, Art. 2 (h).

- 정보주체는 동의를 함에 있어서 아무런 압력을 받지 않고서 한 것이어야 한다.

- 정보주체는 동의의 대상과 의미에 대해 적절하게 정보를 제공받았어야 한다.

- 동의의 범위는 합리적으로 구체적이어야 한다.

이들 요건 전부가 충족되는 경우에만 동의는 정보보호법에서 유효하게 될 것이다.

조약 제108호에는 동의의 개념정의가 포함되어 있지 않고, 국내법에 맡기고 있다. 그러나, CoE**법**에서, 유효한 동의의 요소들은 조약 제108호에 따라 발전되어온 권고에 의해 규정되고 있는 것과 같이, 앞에서 설명한 것들과 일치한다.[96] 동의의 요건은 유럽민사법에 의한 유효한 의사표시의 요건과 동일하다.

법적 능력과 같은 유효한 동의의 민법상의 추가요건은 그것이 근본적인 법적 필수요건이기 때문에 정보보호에서도 당연히 적용된다. 법적 능력을 가지지 않는 사람의 무효인 동의는 그러한 사람에 대한 정보 처리의 법적 근거가 결여된 것이 될 것이다.

동의는 명시적으로도[97] 또는 명시적이 아니게도 주어질 수 있다. 전자는 정보주체의 의사에 대해 의문의 여지를 남기지 않으며, 구두로도 또는 서면으로도 이루어질 수 있다. 그에 대해, 후자는 상황

---

96 See, for example, Convention 108, Statistical Data Recommendation, point 6.
97 Data Protection Directive, Art. 8 (2).

으로부터 결정된다. 모든 동의는 애매모호하지 않게 주어져야 한다.[98] 이것은 정보주체가 자기 정보의 처리를 허용하는 동의를 전하기 원하였음이 합리적으로 의문의 여지가 없어야 함을 의미한다. 예컨대, 단순한 부작위로부터 동의를 추정하는 것은 애매모호하지 않은 동의를 한 것이라고 할 수 없다. 처리되는 정보가 민감한 경우에, 명시적인 동의는 의무적이고, 또한 애매모호하지 않아야 한다.

자유로운 동의(Free consent)

자유로운 동의의 존재는 "정보주체가 실제로 선택을 할 수 있고, 동의를 하지 않는다 할지라도, 기만, 협박, 강요 또는 상당히 부정적인 결과의 위험이 없는 경우에"[99]만 유효하다.

사례 : 많은 공항에서, 승객들은 탑승구역을 들어가기 위하여 보디스캐너를 통과할 필요가 있다.[100] 승객정보가 스캐닝되는 동안 처리된다고 하면, 그 처리는 정보보호지침 제7조에 의한 법적 근거들의 하나를 준수하여야 한다(4.1.1 참조). 보디스캐너를 통과하는 것이 때때로 승객들에게 옵션으로 제시되는 바, 이것은 그들의 동의가 처리를 정당화할 수 있음을 의미한다. 그러나, 승객들은 보디스캐너의 통과를 거부하는 것이 의심을 낳게 하거나, 또는 신체검색과 같은 추가적인 통제를 초래할 것이라

---

98 *Ibid.*, Art. 7 (a) and Art. 26 (1).

99 See also Article 29 Working Party (2011), *Opinion 15/2011 on the notion of consent*, WP 187, Brussels, 13 July 2011, p. 12.

100 This example is taken from *Ibid.*, p. 15.

고 우려할 수 있다. 많은 승객들은 그렇게 함으로써 잠재적인 문제나 지연을 회피하기 위하여 스캔되는 것을 동의한다. 추정컨대, 그러한 동의는 충분히 자유로운 것이 아니다.

그러므로, 유효하고 합법적인 근거는 정보보호지침 제7조 제e호에 근거한 입법자의 행위에서 발견될 수 있으며, 이것이 우월적인 공익을 이유로 승객들의 협력의무를 낳게 한다. 이러한 입법은 특별한 상황에서 필요한 국경통제의 추가적인 조치의 일부로서만 스캐닝과 손으로 하는 검색 간의 선택을 규정할 수 있다. 이것은 유럽위원회가 2011년에 보안스캐너에 관한 두 개의 규칙에서 규정한 것이다.[101]

자유로운 동의는 또한 동의를 확보하는 관리자와 동의를 제공하는 정보주체 간에 중대한 경제적 또는 다른 불균형이 존재하는 종속적 상황에서 위협받을 수 있다.[102]

---

101 Commission Regulation (EU) No. 1141/2011 of 10 November 2011 amending Regulation (EC) No. 272/2009 supplementing the common basic standards on civil aviation security as regards the use of security scanners at EU airports, OJ 2011 L 293, and Commission Implementing Regulation (EU) No. 1147/2011 of 11 November 2011 amending Regulation (EU) No. 185/2010 implementing the common basic standards on civil aviation security as regards the use of security scanners at EU airports, OJ 2011 L 294.

102 See also Article 29 Working Party (2001), *Opinion 8/2001 on the processing of personal data in the employment context*, WP 48, Brussels, 13 September 2001; and Article 29 Working Party (2005), *Working document on a common interpretation of Article 26 (1) of Directive 95/46/EC of 24 October 1995*, WP 114, Brussels, 25 November 2005.

사례 : 한 대기업이 단지 회사 내부의 커뮤니케이션을 증진시키기 위하여, 모든 직원들의 이름, 회사에서의 직무와 연락처를 포함하는 디렉토리를 만들려고 계획하고 있다. 인사책임자는 예컨대 회의에서 동료들을 보다 수월하게 알아볼 수 있도록 모든 직원의 사진을 디렉토리에 추가할 것을 제안한다. 직원의 대표들은 직원 개개인이 동의하는 경우에만 그렇게 할 것을 요구한다.

그러한 상황에서, 직원의 동의는 디렉토리에서 사진을 처리할 법적 근거로 인정되어야 한다. 왜냐하면, 디렉토리에 사진을 공개하게 하는 것은 그 자체로 부정적인 결과를 가지지 않는 것은 분명하고, 더구나, 직원이 자기 사진을 디렉토리에서 공개하게 하는 것에 동의하지 않는다 하더라도 고용주에 의해 야기된 부정적인 영향에 직면할 필요가 없을 것이란 것은 믿을 수 있기 때문이다.

그러나, 이것은 동의하지 않는 것이 부정적인 결과를 가지는 상황에서는 동의가 결코 유효할 수 없다는 것을 의미하지 않는다. 예컨대, 슈퍼마켓 고객카드를 가지는 것에 동의하지 않는 것은 일정한 제품의 가격에서 공제를 받지 않는 것으로 될 뿐이라면, 동의는 아직 그러한 카드를 가지는 것에 동의한 고객들의 개인정보를 처리하는 유효한 법적 근거이다. 회사와 고객 간의 종속적 상황은 없으며, 동의를 하지 않는 것의 결과는 정보주체가 자유로운 선택을 막을 정도로 심각하지 않다.

다른 한편, 일정한 개인정보를 제3자에게 공개하는 경우에만 대단히 중요한 재화나 서비스를 취득할 수 있다면, 정보주체의 자기정보의 공개에 대한 동의는 일반적으로 자유로운 결정으로 간주될 수 없으며, 따라서, 정보보호법에 의해 유효하지 않다.

사례 : 항공사가 이른바 탑승객예약기록(PNR), 즉 탑승객의 신원, 식사습관 또는 건강문제를 특정 외국의 출입국관리기관에 이전하는 것에 대해 탑승객들이 항공사에 표시한 동의는 탑승객들이 이 국가를 방문하기를 원한다면 선택의 여지가 없기 때문에, 정보보호법에 의해 유효한 동의로 간주될 수 없다. 만일 그러한 정보가 적법하게 이전된다면, 동의와는 다른 법적 근거 -아마도 특별법-가 요구된다.

정보가 제공된 동의(Informed consent)

정보주체는 의사결정을 하기 전에 충분한 정보를 가져야 한다. 주어진 정보가 충분한지 여부는 매 사안별로만 결정될 수 있다. 일반적으로, 정보가 제공된 동의는 동의가 요구되는 대상사항에 대한 자세하고 손쉽게 이해할 수 있는 기술을 포함할 것이며, 추가적으로 동의를 하는지 안하는지의 결과를 설명할 것이다. 정보를 위해 사용된 언어는 그 정보의 예상가능한 수취인에 대해 적합한 것이어야 한다.

정보는 또한 정보주체가 쉽게 이용할 수 있는 것이어야 한다. 정보의 접근가능성과 가시성은 중요한 요소이다. 온라인 환경에서 간략본 정보에 더하여 보다 상세본 정보가 정보주체에게 접근가능하기 때문에 이처럼 나누어진 정보의 통지가 좋은 해법이 될 수 있다.

특정한 동의(Specific consent)

동의가 유효하기 위해서는 또한 특정된 것이어야 한다. 이것은 동의의 대상에 대해 주어진 정보의 품질과 밀접하게 관련된다. 이러한 의미에서, 평균적인 정보주체의 합리적인 기대와 관련될 것이다. 원래의 동의가 주어졌을 때 합리적으로 예상할 수 없었던 정도로 처리작용이 추가되거나 변경되려고 한다면, 정보주체는 다시 동의를 요청받아야 한다.

> 사례 : *Deutsche Telekom AG* 사건[103]에서, CJEU는 *프라이버시 및 전자통신에 관한 지침*[104] 제12조에 의해 가입자의 개인정보를 넘겨줘야 하는 텔레콤사업자는 가입자의 동의를 받았을 때 원래 수취인의 이름이 없었기 때문에, 정보주체들로부터 새로운 동의를 필요로 하는지 여부의 문제를 다루었다.
>
> CJEU는 동 조항에서는 정보를 이전하기 전에 새로운 동의는 필요하지 않다고 판결하였다. 왜냐하면, 동 조항에 의하여 정보

103 CJEU, C-543/09, *Deutsche Telekom AG v. Germany*, 5 May 2011; see especially paras. 53 and 54.

104 Directive 2002/58/EC of the European Parliament and of the Council of 12 July 2002 concerning the processing of personal data and the protection of privacy in the electronic communications sector, OJ 2002 L 201 (Directive on privacy and electronic communications).

주체는 자기 정보의 공개를 내용으로 하는 처리의 목적에 대해서만 동의의 가능성을 가졌고, 이들 정보가 공개될 수 있는 서로 다른 디렉토리 사이에서 선택할 수 없었기 때문이다.

재판소가 강조한 것처럼, "프라이버시 및 전자통신에 관한 지침 제12조의 문맥과 체계적 해석으로부터 제12조 제2항에 의한 동의는 특정한 디렉토리사업자의 신원과 관련된 것이 아니라, 공적 디렉토리에서의 개인정보의 공개의 목적과 관련된 것이어야 한다."[105] 더구나, "그것은 가입자에게 해로운 것이 될 수 있는 특정한 목적을 가진 공적 디렉토리에서의 개인정보의 공개 그 자체이지"[106] 누가 이러한 공개의 장본인이냐가 아니다.

2.4.2. 언제라도 동의를 철회할 권리(The right to withdraw consent at any time)

정보보호지침은 언제라도 동의를 철회할 일반적인 권리를 언급하고 있지 않다. 그러나, 그러한 권리가 존재하며, 정보주체는 재량으로 그것을 할 수 있어야 한다는 것이 널리 추정되고 있다. 철회에 대해 그 이유를 제시할 것을 요구하지 않아야 하고, 이전에 동의한 정보의 이용으로부터 파생될 수 있는 혜택의 종료와 관련하여 부정적인 영향을 미칠 위험이 있어서는 안된다.

---

105 CJEU, C-543/09, *Deutsche Telekom AG v. Germany*, 5 May 2011; see especially para. 61.

106 *Ibid.*, see especially para. 62.

사례 : 한 고객이 정보관리자에게 제공한 주소로 홍보메일을 수취하기로 동의한다. 그 고객이 동의를 철회한다면, 관리자는 홍보메일을 우송하는 것을 즉시 중단하여야 한다. 위약금과 같은 징벌적인 결과가 부과되어서는 안된다.

만일 그 고객이 홍보메일을 위해 자기 정보의 이용을 동의한 댓가로 호텔룸요금의 5%의 할인을 받고 있었다면, 나중에 홍보메일을 받는 것에 대한 동의의 철회로 인해 그러한 할인을 반환하도록 되어서는 안된다.

제3장
유럽정보보호법의 주요원칙

EU	관련쟁점	CoE
정보보호지침 제6조 제1항 제a호, 제b호 CJEU, C-524/06, *Huber v. Germany*, 16 December 2008 CJEU, Joined cases C-92/09 and C-93/09, *Volker and Markus Schecke GbR and Hartmut Eifert v. Land Hessen*, 9 November 2010	**적법 처리의 원칙**	조약 제108호 제5조 제a호, 제b호 ECtHR, *Rotaru v. Romania* [GC], No. 28341/95, 4 May 2000 ECtHR, *Taylor-Sabori v. the United Kingdom*, No. 47114/99, 22 October 2002 ECtHR, *Peck v. the United Kingdom*, No. 44647/98, 28 January 2003 ECtHR, *Khelili v. Switzerland*, No. 16188/07, 18 October 2011 ECtHR, *Leander v. Sweden*, No. 9248/81, 26 March 1987
정보보호지침 제6조 제1항 제b호	**목적 구체성 및 제한의 원칙**	조약 제108호 제5조 제b호
	정보 품질의 원칙	

EU	관련쟁점	CoE
정보보호지침 제6조 제1항 제c호	**정보의 관련성**	조약 제108호 제5조 제c호
정보보호지침 제6조 제1항 제d호	**정보의 정확성**	조약 제108호 제5조 제d호
정보보호지침 제6조 제1항 제e호	**정보의 보유 제한**	조약 제108호 제5조 제e호
정보보호지침 제6조 제1항 제e호	**과학연구와 통계를 위한 적용제외**	조약 제108호 제9조 제3항
정보보호지침 제6조 제1항 제a호	**공정 처리의 원칙**	조약 제108호 제5조 제a호 ECtHR, *Haralambie v. Romania*, No. 21737/03, 27 October 2009 ECtHR, *K.H. and Others v. Slovakia*, No. 32881/04, 28 April 2009
정보보호지침 제6조 제2항	**책임의 원칙**	

조약 제108호 제5조에서 규정된 원칙들은 유럽정보보호법의 본질을 간직하고 있다. 이들 원칙은 정보보호지침 제6조에서도 나타나고 있는데, 동 조는 후속조항에서 보다 상세한 규정을 위한 출발점이 되고 있다. CoE 또는 EU 차원에서의 이후의 모든 정보보호입법은 이들 원칙을 준수하여야 하고, 그러한 입법을 해석할 때 이들 원칙을 명심하여야 한다. 이들 주요원칙의 적용제외와 제한은 국가 차원에서 규정될 수 있다.[107] 그러나, 그것들은 법률에 의해 규정되어야 하고, 정당한 목적을 추구하여야 하며, 민주사회에서 필요한

107 Convention 108, Art. 9 (2); Data Protection Directive, Art. 13 (2).

것이어야 한다. 이들 세 가지 조건들 모두가 충족되어야 한다.

3.1. 적법 처리의 원칙(The principle of lawful processing)

요점

- 적법 처리의 원칙을 이해하기 위해서는 헌장 제52조 제1항에서의 정보보호권의 적법한 제한조건과 ECHR 제8조 제2항에 의한 정당한 간섭요건을 참조하여야 한다.
- 따라서, 개인정보의 처리는 다음과 같은 조건인 경우에만 적법하다.
    - 법과 일치하고,
    - 정당한 목적을 추구하며,
    - 정당한 목적을 달성하기 위하여 민주사회에서 필요할 것.

EU**와** CoE **정보보호법**에 의하면, 적법 처리의 원칙은 첫 번째로 등장한 원칙이다. 즉, 그것은 조약 제108호 제5조와 정보보호지침 제6조에서 거의 동일한 용어로 표현되고 있다.

이들 조항은 무엇이 '적법한 처리'를 형성하는지에 대한 정의를 포함하고 있지 않다. 이러한 법률용어를 이해하기 위하여서는 ECtHR의 판결이 해석한 바와 같이, ECHR에 의한 정당한 간섭과 헌장 제52조에 의한 적법한 제한조건을 참조할 필요가 있다.

3.1.1. ECHR에 의한 정당한 간섭의 요건(The requirements for a justified interference under the ECHR)

개인정보의 처리는 정보주체의 사생활 존중권에 대한 간섭을 형성할 수 있다. 그러나, 사생활 존중권은 절대적 권리가 아니라 다른 정당한 이익들 - 그것들이 다른 사람의 것(사익)이거나 전체사회의 것(공익)이거나 - 과 형량되고 조화되어야 한다.

국가의 간섭이 정당화되는 조건들은 다음과 같다.

법률과의 일치(In accordance with the law)

ECtHR의 판결에 따르면, 간섭은 일정한 품질을 가진 국내법조항에 근거한다면 법률과 일치한다. 법률은 "관계자에 접근가능하고, 그 효과에 대해 예측가능하여야"[108] 한다. 법률은 "개인이 - 필요하다면, 적절한 조언과 함께 - 자기의 행위를 규율할 수 있도록 충분히 자세하게 형성된다면"[109] 예측가능하다. "이와 관련하여 '법률'에 요구되는 상세의 정도는 구체적인 주제문제에 의존한다."[110]

---

108 ECtHR, *Amann v. Switzerland* [GC], No. 27798/95, 16 February 2000, para. 50; see also ECtHR, *Kopp v. Switzerland*, No. 23224/94, 25 March 1998, para. 55 and ECtHR, *Iordachi and Others v. Moldova*, No. 25198/02, 10 February 2009, para. 50.

109 ECtHR, *Amann v. Switzerland* [GC], No. 27798/95, 16 February 2000, para. 56; see also ECtHR, *Malone v. the United Kingdom*, No. 8691/79, 2 August 1984, para. 66; ECtHR, *Silver and Others v. the United Kingdom*, Nos. 5947/72, 6205/73, 7052/75, 7061/75, 7107/75, 7113/75, 25 March 1983, para. 88.

110 ECtHR, *The Sunday Times v. the United Kingdom*, No. 6538/74, 26 April

사례 : *Rotaru v. Romania* 사건[111]에서, ECtHR는 루마니아법이 기관의 재량권의 행사에 대해 제한을 규정하지 않고 국가안보에 영향을 미치는 정보를 비밀파일에 수집, 기록 및 보관을 허용하였기 때문에, ECHR 제8조의 위반을 인정하였다. 예컨대, 국내법은 처리될 수 있는 정보의 유형, 감시조치가 취해질 수 있는 사람들의 범주, 그러한 조치가 취해질 수 있는 상황 또는 따라야 할 절차를 규정하지 않았다. 이러한 결함 때문에, 재판소는 국내법은 ECHR 제8조에 의한 예측가능성의 요건을 준수하지 않았으며, 동 조를 위반하였다고 결정하였다.

사례 : *Taylor-Sabori v. the United Kingdom* 사건[112]에서, 청구인은 경찰의 감시대상이 되었다. 경찰은 청구인의 무선호출기의 '복제품'을 사용하여, 청구인에게 송신된 메시지를 가로챌 수 있었다. 그래서, 청구인은 규제약물의 공급음모로 체포되어 기소되었다. 청구인에 대한 기소사건의 일부는 경찰이 복제한 무선호출기 메시지를 기록한 서면으로 구성되었다. 그러나, 청구인의 재판에서는 사적 통신시스템을 통해 전송된 통신의 도

1979, para. 49; see also ECtHR, *Silver and Others v. the United Kingdom*, Nos. 5947/72, 6205/73, 7052/75, 7061/75, 7107/75, 7113/75, 25 March 1983, para. 88.

111 ECtHR, *Rotaru v. Romania* [GC], No. 28341/95, 4 May 2000, para. 57; see also ECtHR, *Association for European Integration and Human Rights and Ekimdzhiev v. Bulgaria*, No. 62540/00, 28 June 2007; ECtHR, *Shimovolos v. Russia*, No. 30194/09, 21 June 2011; and ECtHR, *Vetter v. France*, No. 59842/00, 31 May 2005.

112 ECtHR, *Taylor-Sabori v. the United Kingdom*, No. 47114/99, 22 October 2002.

청을 규제하는 영국법규정은 없었다. 그러므로, 청구인 권리의 간섭은 "법률과 일치하지" 않았다. ECtHR는 ECHR 제8조의 위반이 있었다고 결정하였다.

정당한 목적의 추구(Pursuing a legitimate aim)

정당한 목적은 공익이라고 불리는 것들 중 하나이거나 타인들의 권리와 자유일 수 있다.

사례 : *Peck v. the United Kingdom* 사건[113]에서, 청구인은 CCTV가 촬영하고 있었다는 것을 알지 못한 채, 거리에서 자기 팔을 찔러 자살을 시도하였다. CCTV 카메라를 보고 있던 경찰이 청구인을 구제한 후, 청구인의 얼굴을 가리지 않은 채 CCTV 영상을 언론에 건넸고, 언론이 이를 공개하였다. ECtHR는 청구인의 동의를 얻지 않거나 그의 신원을 알 수 없게 하지 않고, 기관이 그 영상을 일반에 직접 공개한 것을 정당화시키는 적절하거나 충분한 이유는 없다고 판결하였다. 재판소는 ECHR 제8조의 위반이 있었다고 결정하였다.

113 ECtHR, *Peck v. the United Kingdom*, No. 44647/98, 28 January 2003, especially para. 85.

민주사회에서의 필요성(Necessary in a democratic society)

ECtHR는 "필요성의 관념은 간섭이 절박한 사회적 필요에 대응하는 것이고, 특히 추구된 정당한 목적에 비례적임을 의미한다".[114]

사례 : *Khelili v. Switzerland* 사건[115]에서, 경찰은 검색 중에 청구인이 "멋지고 예쁜 30대 후반의 여성이 함께 술을 마시거나 때때로 데이트할 남성을 만나고 싶어 합니다. 전화번호 [...]"라고 쓴 명함을 가지고 다니는 것을 발견하였다. 경찰은 적발에 따라서 청구인이 일관되게 부정한 직업인 매춘부로 경찰기록에 이름을 기입하였다고 청구인은 주장하였다. 청구인은 '매춘부'라는 단어를 경찰컴퓨터기록으로부터 삭제할 것을 청구하였다. ECtHR는 어떤 개인이 또 다른 범죄를 저지를 수 있다는 이유로 그 개인정보를 보유하는 것은 일정한 상황에서 비례적이라는 것을 원칙적으로 인정하였다. 그러나, 청구인의 경우에 불법적인 매춘행위의 혐의는 너무 모호하고 막연하게 나타나고, 그녀가 과거 불법적인 매춘으로 유죄판결을 받은 적이 없었기 때문에 구체적인 사실에 의해 뒷받침되지 않았고, 따라서, ECHR 제8조에서의 '절박한 사회적 필요'를 충족하는 것으로 간주될 수 없었다. 재판소는 청구인에 대해 저장된 정보의 정확성을 입증하는 것은 경찰기관의 문제로 간주하고서, 여러 해 동안 경찰

114 ECtHR, *Leander v. Sweden*, No. 9248/81, 26 March 1987, para. 58.

115 ECtHR, *Khelili v. Switzerland*, No. 16188/07, 18 October 2011.

파일에 '매춘부' 단어의 보존은 민주사회에서 필요하지 않았다고 판결하였다. 재판소는 ECHR 제8조의 위반이 있었다고 결정하였다.

사례 : *Leander v. Sweden* 사건[116]에서, ECtHR는 국가안보에 중요한 직책의 채용을 위해 지원신청한 지원자들에 대한 비밀조사는 그 자체로서 민주사회에서의 필요성의 요건에 반하지 않는다고 판결하였다. 정보주체의 이익을 보호하기 위해 국가법으로 규정한 특별한 안전장치- 예컨대, 의회와 사정감독원장(Chancellor of Justice)이 행하는 통제 -로 인해, ECtHR는 스웨덴 인사통제시스템은 ECHR 제8조 제2항의 요건을 충족한다고 결정하였다. 피청구인인 국가가 채용에 이용할 수 있는 폭넓은 재량의 여지를 감안할 때, 청구인의 사건에서 국가안보의 이익이 개별적 이익보다 우월하다고 판단한 것은 정당하다고 결정하였다. 재판소는 ECHR 제8조의 위반이 없었다고 결정하였다.

3.1.2. EU헌장에 의한 적법한 제한의 조건(The conditions for lawful limitations under the EU Charter)

헌장의 구조와 문언은 ECHR의 그것과 다르다. 헌장은 보장된 권리들에의 간섭에 대해 말하고 있지 않지만, 헌장에 의해 인정된 권리와 자유의 행사에 대한 제한에 관한 규정을 포함하고 있다.

116 ECtHR, *Leander v. Sweden*, No. 9248/81, 26 March 1987, paras. 59 and 67.

제52조 제1항에 따르면, 헌장에 의해 인정된 권리와 자유의 행사, 따라서, 개인정보의 처리와 같은 개인정보보호권의 행사에 대한 제한은 다음과 같은 조건에서만 허용될 수 있다.

- 법률에 의해 규정되고 ; 그리고
- 정보보호권의 본질을 존중하며 ; 그리고
- 필요하고 비례성의 원칙에 따르며 ; 그리고
- 연합에 의해 인정된 일반적 이익 또는 타인의 권리와 자유를 보호할 필요라는 목적들을 충족할 것.

사례들 : *Volker and Markus Schecke* 사건[117]에서, CJEU는 이사회와 유럽위원회가 보조금을 받은 사람들의 수령기간, 보조금의 빈도 또는 그 보조금의 성격 및 금액과 같이 적절한 기준에 근거한 구별을 하지 않고, 보조금의 수혜자인 자연인 각자와 관련된 개인정보를 공개할 의무를 부과함으로써 비례성의 원칙에 의해 부과된 한계를 초과하였다고 결정하였다.

그러므로, CJEU는 이사회규칙 1290/2005의 특정한 조항들의 무효와, 규칙 259/2008의 전부무효를 선언하는 것이 필요하다고 판결하였다.[118]

117 CJEU, Joined cases C-92/09 and C-93/09, *Volker and Markus Schecke GbR and Hartmut Eifert v. Land Hessen*, 9 November 2010, paras. 89 and 86.

118 Council Regulation (EC) No. 1290/2005 of 21 June 2005 on the financing of the common agricultural policy, OJ 2005 L 209; Commission Regulation (EC) No. 259/2008 of 18 March 2008 laying down detailed rules for the

법문이 다름에도 불구하고, 헌장 제52조 제1항의 적법한 처리의 조건들은 ECHR 제8조 제2항을 연상시킨다. 사실, 헌장 제52조 제1항에서 열거된 조건들은, 헌장 제52조 제3항 제1문이 "헌장은 유럽인권조약이 보장한 권리들에 상응한 권리들을 포함하는 한, 그들 권리의 의미와 범위는 조약이 규정한 것들과 동일하다"고 규정한 바와 같이, ECHR 제8조 제2항에서 규정된 것들을 따르는 것으로 보아야 한다.

그러나, 제52조 제3항 마지막 문장에 따라서, "본 조항은 연합법이 보다 광범위한 보호를 규정하는 것을 금지하는 것은 아니다." ECHR 제8조 제2항과 헌장 제52조 제3항 제1문을 비교하면 알 수 있듯이, ECHR 제8조 제2항에 의한 정당한 간섭의 조건들은 헌장에 의한 정보보호권의 적법한 제한의 최소한 요건들이라는 것을 의미할 수 있을 뿐이다. 그러므로, 개인정보의 적법한 처리는 EU법에 의해 ECHR 제8조 제2항의 조건들이 적어도 충족될 것을 요구한다. 그러나, EU법은 특정한 경우에 대해 추가적인 요건들을 규정할 수 있다.

EU법에 의한 적법한 처리의 원칙과 ECHR의 관련규정과의 일치는, "유럽인권조약이 보장하고 있는 바와 같이, 기본권은 연합법의 일반원칙을 형성한다"고 규정하고 있는 TEU 제6조 제3항에 의해 더욱 강화된다.

---

application of Council Regulation (EC) No. 1290/2005 as regards the publication of information on the beneficiaries of funds deriving from the European Agricultural Guarantee Fund (EAGF) and the European Agricultural Fund for Rural Development (EAFRD), OJ 2008 L 76.

3.2. 목적 구체성 및 제한의 원칙 (The principle of purpose specification and limitation)

요점

- 정보처리의 목적은 처리가 개시되기 전에 분명하게 규정되어야 한다.
- EU법에서 처리의 목적은 명시적으로 규정되어야 하나, CoE법에서 이 문제는 국내법에 맡겨져 있다.
- 규정되지 않은 목적을 위한 처리는 정보보호법과 일치하지 않는다.
- 다른 목적을 위해 정보를 추가적으로 이용하기 위해서는, 그 새로운 처리목적이 원래의 목적과 양립할 수 없는 것이라면 추가적인 법적 근거를 필요로 한다.
- 정보의 제3자에의 이전은 추가적인 법적 근거를 필요로 하는 새로운 목적이다.

본질적으로, 목적 구체성 및 제한의 원칙은 개인정보 처리의 정당성이 처리의 목적에 의존하는 것임을 의미한다.[119] 목적은 정보의 처리가 개시되기 전에 관리자에 의해 특정되고 명백히 되었어야 한다.[120] **EU법**에서, 이것은 관할감독기관에의 신고, 다시 말하면 통지에 의하거나 또는 적어도 감독기관에 의한 조사와 정보주체에 의한 접근을 위하여 관리자가 이용할 수 있어야 하는 내부문서에 의하여

119 Convention 108, Art. 5 (b); Data Protection Directive, Art. 6 (1) (b).

120 See also Article 29 Working Party (2013), *Opinion 03/2013 on purpose limitation*, WP 203, Brussels, 2 April 2013.

이루어져야 한다.

규정되지 않고/않거나 제한되지 않은 목적을 위한 개인정보의 처리는 불법이다.

정보처리를 위한 모든 새로운 목적은 각각의 특별한 법적 근거를 가져야 하고, 정보가 원래 취득되었거나 다른 적법한 목적을 위하여 처리되었다는 사실에 의존할 수 없다. 또한, 적법한 처리는 원래의 특정된 목적으로 제한되고, 새로운 목적의 처리에는 별개의 법적 근거가 필요하게 될 것이다. 공개는 일반적으로 새로운 목적을 형성하고, 따라서 정보를 수집하기 위한 목적과는 다른 법적 근거를 필요로 하기 때문에, 정보의 제3자에의 공개는 특별히 신중하게 검토되어야 할 것이다.

사례 : 항공사는 비행을 잘 하기 위하여 탑승객들로부터 예약정보를 수집한다. 항공사는 탑승객들의 좌석번호, 휠체어와 같은 특별한 신체적 제한과 유대교의 코셔르나 이슬람교의 할랄식품과 같은 특별한 음식요건에 관한 정보를 필요로 할 것이다. 만일 항공사가 PNR에 포함된 이들 정보를 착륙지의 출입국관리기관에 이전할 것을 요청받는다면, 이들 정보는 원래의 정보수집목적과는 다른 출입국통제목적을 위하여 이용되고 있다. 그러므로, 이들 정보의 출입국관리기관에로의 이전에는 새로운 별개의 법적 근거를 필요로 할 것이다.

조약 제108호와 정보보호지침은 특별한 목적의 범위와 한계를 고려할 때, 양립가능성의 개념에 의존한다. 즉, 양립가능한 목적을 위한 정보의 이용은 원래의 법적 근거에 의하여 허용된다. 그러나, '양립가능한'이 무엇을 의미하는지는 규정되지 않았고, 매 사안별로 해석에 맡겨져 있다.

사례 : 고객관계관리(CRM) 중에 취득된 선샤인 회사의 고객정보를 제3의 회사들의 마케팅 캠페인을 지원하기 위하여 이들 정보를 이용하기를 원하는 다이렉트마케팅 회사인 문라이트 회사에 판매하는 것은 고객정보의 수집이라는 선샤인 회사의 원래의 목적인 CRM과 양립할 수 없는 새로운 목적이다. 그러므로, 정보를 문라이트 회사에 판매하기 위해서는 그 자체의 법적 근거를 필요로 한다.

이에 대하여, 선샤인 회사가 자체 제품의 판매를 위해 그 고객들에게 마케팅 메시지를 송부하는, 그 자신의 마케팅 목적을 위하여 CRM정보를 이용하는 것은 일반적으로 양립가능한 목적으로 받아들여진다.

정보보호지침은 "역사적, 통계적 또는 과학적 목적을 위해 정보를 추가적으로 처리하는 것은 회원국들이 적절한 안전장치를 제공한다면 양립불가능한 것으로 간주되지 않는다"고 명시적으로 선언한다.[121]

121 An example of such national provisions is the Austrian Data Protection Act (*Datenschutzgesetz*), Federal Law Gazette No. 165/1999, para. 46, available in English at: www.dsk.gv.at/DocView.axd?CobId=41936.

사례들 : 선샤인 회사는 그 고객들에 관한 CRM정보를 수집하고 저장하여 왔다. 고객들의 구매행태의 통계적 분석을 위하여 선샤인 회사가 이들 정보를 추가적으로 이용하는 것은, 통계가 양립가능한 목적이기 때문에 허용될 수 있다. 정보주체의 동의와 같은 추가적인 법적 근거는 필요하지 않다.

만일 동일한 정보가 오로지 통계 목적을 위하여 제3자인 스타라이트 회사로 이전된다면, 통계 목적을 위하여 신원은 일반적으로 필요로 하지 않기 때문에 정보주체의 신원을 마스크 처리하는 것과 같은 적절한 안전장치가 마련된다는 조건에 의해서만, 이전은 추가적인 법적 근거 없이 허용될 수 있을 것이다.

3.3. 정보 품질의 원칙(Data quality principles)

요점

- 정보 품질의 원칙들은 모든 처리작용에 있어서 관리자에 의해 이행되어야 한다.
- 정보의 보유 제한의 원칙에 의해, 정보가 원래 수집된 목적을 위해 더 이상 필요하지 않은 경우에 즉시 그것을 삭제할 것이 필요하다.
- 보유 제한의 원칙의 적용제외는 법률에 의해 규정되어야 하고, 정보주체의 보호를 위하여 특별한 안전장치를 필요로 한다.

3.3.1. 정보 관련성의 원칙(The data relevancy principle)

오직 "그 정보가 수집되고/되거나 나아가 처리되는 목적과 관련하여 적당하고, 관련성이 있으며, 과도하지 않는"[122] 정보만이 처리되어야 한다. 처리를 위해 선택된 정보의 범주는 처리작용의 전체 목적을 달성하기 위하여 필요하여야 하고, 관리자는 처리에 의해 추구된 특정한 목적을 위해 직접적으로 관련성이 있는 정보(information)로 정보(data)의 수집을 엄격하게 제한하여야 한다.

현대사회에서, 정보 관련성의 원칙은 추가적인 고려가 필요하다. 즉, 그것은 특별한 프라이버시 강화기술을 이용함으로써 때때로 개인정보의 이용을 피할 수 있거나, 또는 프라이버시 친화적 해결책인 가명화 정보를 이용할 수 있다. 이것은 특히 보다 광범위한 처리 시스템에서 적절하다.

사례 : 어떤 자치단체가 시의 대중교통시스템을 일정한 요금으로 이용하는 정기이용자들에게 칩카드를 제공한다. 그 카드는 표면에 문자의 형태로, 그리고 또한 칩에는 전자적 형태로 사용자의 이름이 기재되어 있다. 이용자들이 버스나 전차를 이용할 때마다 예컨대 버스와 전차에 설치된 단말기 앞을 통과하여야 한다. 단말기가 판독한 정보는 교통카드를 구입한 사람들의 이름을 포함하는 데이터베이스와 대조하여 전자적으로 체크된다.

---

122 Convention 108, Art. 5 (c); and Data Protection Directive, Art. 6 (1) (c).

이 시스템은 최선의 방식으로 관련성의 원칙을 준수하고 있는 것은 아니다. 즉, 어떤 개인이 대중교통시설을 이용할 자격이 있는지의 체크는 카드의 칩에 실린 개인정보를 데이터베이스와 대조하지 않고서도 가능하였다. 예컨대, 단말기 앞을 통과할 때, 그 카드가 유효한지 여부를 확인하는 방식은 바코드와 같은 특수한 전자이미지를 카드의 칩 속에 저장하는 것으로도 충분할 것이다. 이러한 시스템이라면 누가 어떠한 교통시설을 어느 시간에 이용하였는지를 기록하지 않을 것이다. 개인정보도 수집되지 않을 것이며, 관련성의 원칙은 정보수집 최소한의 의무로 귀착되기 때문에, 이것이 관련성의 원칙의 의미에서 최선의 해결책이다.

3.3.2. 정보 정확성의 원칙(The data accuracy principle)

개인정보를 보유하고 있는 관리자는 정보가 정확하며 최신의 것임을 상당히 확실하게 보장하는 조치를 취하지 않고서 그 정보를 이용하여서는 안된다.

정보의 정확성을 보장할 의무는 정보처리의 목적의 관점에서 검토되어야 한다.

사례 : 가구판매회사는 대금청구를 위해 고객의 신원 및 주소 정보를 수집하였다. 6개월 후, 그 회사는 마케팅캠페인을 시작

하고자 해서, 이전 고객들과 접촉하기를 원한다. 회사는 고객들과 접촉하기 위해서 국가거주자등록부(national residents' register)에 접근하기를 원한다. 그런데, 거주자들은 그들의 현주소의 등록을 법적으로 신고하도록 의무되어 있기 때문에, 국가거주자등록부는 최신의 주소를 포함하는 것으로 볼 수 있다. 이 등록부정보에의 접근은 정당한 이유를 제시할 수 있는 사람과 단체로 제한된다.

이러한 상황에서, 동 회사는 거주자등록부로부터 모든 이전 고객들에 관한 새로운 주소정보를 수집할 자격이 있음을 내세워 정보가 정확하고 최신의 것으로 보유되어야 한다는 주장을 할 수 없다. 그 정보는 대금청구 과정에서 수집된 것이었다. 따라서, 이러한 목적을 위하여 가구판매시의 주소는 관련성이 있다. 그러나, 마케팅은 정보보호권에 우월한 이익이 아니며, 따라서 등록부정보에의 접근을 정당화할 수 없기 때문에 새로운 주소정보를 수집할 법적 근거가 없다.

정보 저장의 목적은 주로 사건을 자료로서 기록하는 것이기 때문에, 저장된 정보를 업데이트하는 것이 법적으로 금지되는 경우가 또한 있을 수 있다.

사례 : 수술기록은 설령 그 기록에서 언급된 사실이 나중에 잘못된 것으로 드러났다고 하더라도 변경, 다시 말하면, '업데이

트' 되어서는 안된다. 이러한 상황에서는, 사후에 이룩한 업적으로 명백히 기록되는 한, 그 기록 중의 기술에 대한 추가만이 이루어질 수 있다.

다른 한편으로, 정보가 부정확한 상태로 존재한다면 정보주체에게 야기될 수 있는 잠재적 손해 때문에, 업데이트를 포함하여 정보의 정확성을 정기적으로 체크하는 것이 절대적으로 필요한 경우들이 있다.

사례 : 만일 누군가가 금융기관과 계약을 체결하기 원한다면, 은행은 그 장래의 고객의 신용도를 체크해보는 것이 일반적일 것이다. 이러한 목적을 위하여, 사인들의 신용실적에 관한 정보를 포함하는 특수한 데이터베이스를 이용할 수 있다. 만일 그러한 데이터베이스가 그 개인에 대해 부정확하거나 뒤떨어진 정보를 제공한다면, 이 사람은 심각한 문제에 직면할 수 있다. 그러므로, 그러한 데이터베이스 관리자는 정확성의 원칙을 따르기 위해 특별히 노력하여야 한다.

나아가, 사실과 관련된 것이 아니라 범죄수사와 같이 혐의와 관련된 정보는, 관리자가 그러한 정보 수집의 법적 근거를 가지고 그러한 혐의를 형성한 것에 충분히 정당성을 가지는 한, 수집되고 저장될 수 있다.

3.3.3. 정보의 보유 제한의 원칙(The limited retention of data principle)

정보보호지침 제6조 제1항 제e호와 마찬가지로, 조약 제108호 제5조 제e호는 회원국들에게 개인정보는 "정보가 수집된 또는 처리된 목적을 위하여 필요한 것보다 오랜 기간 정보주체의 신원확인을 허용하는 형태로 보유되지 않을 것"을 보장하기를 요구한다. 그러므로, 정보는 그들 목적이 달성된 때에 삭제되어야 한다.

S. and Marper 사건에서, ECtHR는 유럽평의회의 관련법규들의 핵심원칙들과 다른 체약당사국들의 법과 관습에 의하여, 정보의 보유는 특히 경찰영역에 있어서 수집목적과 관련하여 비례적이고 시간적으로 제한될 것이 요구된다고 결정하였다.[123]

그러나, 개인정보의 저장에 대한 시간적 제한은 정보주체의 신원확인을 허용하는 형태로 보유된 정보에만 적용된다. 따라서, 더 이상 필요하지 않은 정보도 정보의 익명화나 가명화에 의해 적법하게 저장될 수 있다.

장래의 과학적, 역사적 또는 통계적 이용을 위해 정보를 보유하는 것은 정보보호지침에서 정보보유 제한의 원칙이 명시적으로 제외되어 있다.[124] 그러나, 개인정보의 이러한 진행중인 저장과 이용에는 국가법에 의한 특별한 안전장치가 수반되어야 한다.

---

123 ECtHR, *S. and Marper v. the United Kingdom*, Nos. 30562/04 and 30566/04, 4 December 2008; see also, for example: ECtHR, *M.M. v. the United Kingdom*, No. 24029/07, 13 November 2012.

124 Data Protection Directive, Art. 6 (1) (e).

3.4. 공정 처리의 원칙(The fair processing principle)

요점

- 공정한 처리는 특히 정보주체에 대하여 처리의 투명성을 의미한다.
- 관리자는 정보를 처리하기 전에 적어도 처리의 목적과 관리자의 신원 및 주소에 대하여 정보주체에게 통지하여야 한다.
- 법률에 의해 구체적으로 허용되지 않는다면, 개인정보를 비밀스럽고 은밀하게 처리하여서는 안된다.
- 정보주체는 자기의 정보가 어디에서 처리되든 정보에의 접근권을 가진다.

공정한 처리의 원칙은 주로 관리자와 정보주체 간의 관계를 규율한다.

3.4.1. 투명성(Transparency)

이 원칙은 정보주체의 정보가 어떻게 이용되고 있는지에 대해 관리자가 정보주체에게 계속해서 알릴 의무를 설정한다.

사례 : *Haralambie v. Romania* 사건[125]에서, 청구인은 비밀정보기관이 자기에 관해 저장한 파일에의 접근을 청구하였으나, 그

125 ECtHR, *Haralambie v. Romania*, No. 21737/03, 27 October 2009.

> 청구는 5년 후에야 인용되었다. ECtHR는 공적 기관이 보유하는 개인파일의 주체인 개인들은 그 파일에 접근할 수 있는 것에 중대한 이익을 가지고 있다고 되풀이하여 말하였다. 공적 기관은 그러한 정보에의 접근을 얻기 위한 효과적인 절차를 제공할 의무가 있었다. ECtHR는 이전된 파일의 양과 아카이브시스템의 결점도 청구인의 자기 파일에의 접근청구를 인용함에 있어서 5년이라는 지연을 정당화하지 않는다고 간주하였다. 공적 기관은 청구인에게 합리적인 시간 내에 개인파일에 접근할 수 있게 하는 효과적이고 접근가능한 절차를 제공하지 않았다. 재판소는 ECHR 제8조의 위반이 있었다고 결정하였다.

정보주체는 자기의 정보에 대해 발생할 내용을 이해하기 쉽고 접근가능한 방식으로 처리작용에 대해 설명을 받아야 한다. 정보주체는 또한 자기의 정보가 처리되고 있는지 여부, 만일 처리되고 있다면 어떠한 정보가 처리되고 있는지에 대해 청구에 의해 관리자로부터 설명을 들을 권리를 가진다.

3.4.2. 신뢰 구축(Establishing trust)

관리자들은 적법하고 투명하게 정보를 처리할 것임을 정보주체와 일반인들에게 관련자료를 제공하여야 한다. 처리작용은 비밀로 수행되어서는 안되며, 예측할 수 없는 부정적인 효과를 가져서는 안된다. 관리자들은 고객들이나 시민들이 자기 정보의 이용에 대해 통지를 받을 것을 보장하여야 한다. 나아가, 관리자들은 가능한 한,

특히 정보주체의 동의가 정보처리의 법적 기초를 형성하는 경우에 정보주체의 의사를 즉시 따르는 방식으로 행위하여야 한다.

> 사례 : *K.H. and Others v. Slovakia* 사건[126]에서, 청구인들은 임신과 분만 기간에 동 슬로바키아의 두 개의 병원에서 진료를 받은 8명의 집시여인들이었다. 나중에, 청구인들은 여러 차례 시도하였지만 다시는 임신할 수 없었다. 국가법원들은 청구인들과 그 대리인들이 의료기록들을 조회하고 수기로 발췌할 수 있도록 허용할 것을 병원에게 명령하였지만, 주장에 의하면 그 남용을 방지할 목적으로 자료의 사진복사청구는 기각하였다. ECHR 제8조에 의한 국가의 적극적인 의무는 정보주체들이 자기의 정보파일의 복사를 이용할 수 있도록 할 의무를 반드시 포함하였다. 국가는 개인정보파일의 복사를 위한 조치를 결정하였거나, 그것을 거부하는 것에 대한 설득력있는 이유를 제시하였다. 청구인들의 경우에, 국내법원들은 주로 관련정보를 남용으로부터 보호할 필요성을 이유로 하여 의료기록의 복사금지를 정당화하였다. 그러나, ECtHR는 자신들의 모든 의료파일에의 접근이 부여된 청구인들이 어떻게 자신들에 관한 정보를 남용할 수 있는지를 찾을 수 없었다. 더구나, 그러한 남용의 위험은 그 파일에 접근할 자격이 있는 사람들의 범위를 제한하는 것과 같이, 청구인들에게 파일의 복사를 거부하는 것이 아닌 수단에 의하여 방지될 수 있었다. 국가는 청구인들이 자기의 건강에

126 ECtHR, *K.H. and Others v. Slovakia*, No. 32881/04, 28 April 2009.

관한 정보에 효과적으로 접근하는 것을 부정할 충분히 설득력 있는 이유의 존재를 제시하지 못하였다. 재판소는 제8조의 위반이 있었다고 결정하였다.

인터넷서비스와 관련하여, 정보처리시스템의 특징은 정보주체들이 자기의 정보가 어떻게 처리되고 있는지를 실제로 이해할 수 있게 하여야 한다는 것이다.

공정한 처리는 또한, 정보주체의 정당한 이익이 그렇게 요구한다면, 관리자들이 의무적인 법정최소요건의 서비스를 넘어서 정보주체에게 제공할 준비가 되어 있는 것을 의미한다.

3.5. 책임의 원칙(The principle of accountability)

요점

- 책임은 관리자들이 처리활동에 있어서 정보보호를 촉진하고 보장할 조치의 적극적인 이행을 요구한다.
- 관리자들은 그들의 처리작용이 정보보호법을 준수할 책임이 있다.
- 관리자들은 언제라도 정보주체들, 일반인들과 감독기관들에게 정보보호규정의 준수를 입증할 수 있어야 한다.

경제협력개발기구(OECD)는 정보보호가 실제 잘 기능할 수 있게 함에 있어서 관리자들이 중요한 역할을 가지고 있음을 강조한 프라이버시 가이드라인을 2013년에 채택하였다. 가이드라인은 "정보관리자는 상술한 [중요한] 원칙들을 시행할 조치들을 준수할 책임을 져야 한다"[127]는 취지의 책임의 원칙을 전개한다.

조약 제108호는 관리자의 책임에 대해 언급하지 않고 본질적으로 국내법에 맡기고 있는 반면에, 정보보호지침 제6조 제2항은 관리자가 제1항에서 규정된 정보 품질과 관련되는 원칙들의 준수를 보장하여야 한다고 규정한다.

사례 : 책임의 원칙을 강조하는 입법례로 프라이버시 및 전자통신에 관한 지침(2002/58/EC)의 2009년 개정[128]이 있다. 개정지침 제4조에 따르면, 지침은 보안정책의 이행, 즉, "개인정보의 처리와 관련하여 보안정책의 이행을 보장할" 의무를 부과하고 있다. 그리하여, 동 지침의 보안규정에 관한 한, 입법자는 보안정책을 가지며 이행할 명시적인 요건을 도입할 것이 필요하다고 결정하였다.

127 OECD (2013), *Guidelines on governing the Protection of Privacy and transborder flows of personal data*, Art. 14.

128 Directive 2009/136/EC of the European Parliament and of the Council of 25 November 2009 amending Directive 2002/22/EC on universal service and users' rights relating to electronic communications networks and services, Directive 2002/58/EC concerning the processing of personal data and the protection of privacy in the electronic communications sector and Regulation (EC) No. 2006/2004 on cooperation between national authorities responsible for the enforcement of consumer protection laws, OJ 2009 L 337, p. 11.

제29조작업반의 의견[129]에 따르면, 책임의 본질은 관리자의 다음의 의무이다.

- 정상적인 상황에서라면, 정보보호규정들이 처리작용에서 준수될 것을 보장하는 조치들을 취할 의무
- 정보보호규정의 준수를 위해 어떠한 조치들이 취하여졌는지를 정보주체들과 감독기관들에 입증할 자료를 준비할 의무

책임의 원칙은 그리하여 관리자들이 정보주체들이나 감독기관들이 결점을 지적하는 것을 단지 기다리는 것이 아니라 준수를 적극적으로 입증할 것을 요구한다.

---

129 Article 29 Working Party, *Opinion 3/2010 on the principle of accountability*, WP 173, Brussels, 13 July 2010.

제4장
유럽정보보호법의 규정

EU	관련쟁점	CoE
비민감정보의 적법한 처리에 대한 규정		
정보보호지침 제7조 제a호	**동의**	프로파일링권고 제3.4조 제b호와 제3.6조
정보보호지침 제7조 제b호	**(사전) 계약관계**	프로파일링권고 제3.4조 제b호
정보보호지침 제7조 제c호	**관리자의 법적 의무**	프로파일링권고 제3.4조 제a호
정보보호지침 제7조 제d호	**정보주체의 중대한 이익**	프로파일링권고 제3.4조 제b호
정보보호지침 제7조 제e호와 제8조 제4항 CJEU, C-524/06, *Huber v. Germany*, 16 December 2008	**공익과 공권력의 행사**	프로파일링권고 제3.4조 제b호
정보보호지침 제7조 제f호, 제8조 제2항과 제8조 제3항 CJEU, Joined cases C-468/10 and C-469/10, *Asociación Nacional de Establecimientos Financieros de Crédito (ASNEF) and Federación de Comercio Electrónico y Marketing Directo (FECEMD) v. Administración del Estado*, 24 November 2011	**타인의 정당한 이익**	프로파일링권고 제3.4조 제b호

EU	관련쟁점	CoE
민감정보의 적법한 처리에 관한 규정		
정보보호지침 제8조 제1항	**일반적 처리금지**	조약 제108호 제6조
정보보호지침 제8조 제2항-제4항	**일반적 금지의 적용제외**	조약 제108호 제6조
정보보호지침 제8조 제5항	**(형사)유죄판결에 대한 정보의 처리**	조약 제108호 제6조
정보보호지침 제8조 제7항	**식별번호의 처리**	
안전한 처리에 관한 규정		
정보보호지침 제17조	**안전한 처리를 규정할 의무**	조약 제108호 제7조
		ECtHR, *I. v. Finland*, No. 20511/03, 17 July 2008
프라이버시 및 전자통신에 관한 지침 제4조 제2항	**정보유출 통지**	
정보보호지침 제16조	**비밀유지의무**	
처리의 투명성에 관한 규정		
	투명성 일반	조약 제108호 제8조 제a호
정보보호지침 제10조와 제11조	**정보제공**	조약 제108호 제8조 제a호
정보보호지침 제10조와 제11조	**정보제공의무의 면제**	조약 제108호 제9조
정보보호지침 제18조와 제19조	**통지**	프로파일링권고 제9.2조 제a호
준수 향상에 관한 규정		
정보보호지침 제20조	**사전 체크**	
정보보호지침 제18조 제2항	**개인정보 보호책임자**	프로파일링권고 제8.3조
정보보호지침 제27조	**행동강령**	

원칙들은 반드시 일반적인 성질을 갖는다. 구체적 상황에의 원칙의 적용은 일정한 해석의 여지와 수단의 선택을 남긴다. CoE**법**에서, 이러한 해석의 여지를 국내법에서 명확히 하는 것은 조약 제108호의 체약당사국들에 맡겨져 있다. EU**법**의 상황은 다르다. 즉, 역내시장에서의 정보보호의 확립을 위하여, 회원국들의 국가법의 정보보호수준을 일치시키기 위하여 이미 EU차원에서 보다 상세한 규정을 가질 필요가 있다고 간주되었다. 정보보호지침은 제6조에서 규정된 원칙들에 따라서 국가법에서 충실하게 이행되어야 하는 세칙을 규정한다. 그러므로, 유럽차원에서의 상세한 정보보호규정에 관한 다음 기술은 주로 EU법을 다루게 된다.

4.1. 적법한 처리에 관한 규정(Rules on lawful processing)

요점

- 개인정보는 다음과 같은 경우에 적법하게 처리될 수 있다.
  - 처리가 정보주체의 동의에 근거하는 경우 ; 또는
  - 정보주체의 중대한 이익이 그의 정보의 처리를 요구하는 경우 ; 또는
  - 타인의 정당한 이익이 처리의 이유인 경우. 다만, 정보주체의 기본권을 보호하는 이익이 이보다 우월하지 아니한 경우에만 허용된다.
- 민감한 개인정보의 적법한 처리는 특별하고 보다 엄격한 법제에 따라야 한다.

정보보호지침은 정보의 적법한 처리를 위한 두 개의 서로 다른 유형의 규정을 포함한다. 즉, 하나는 제7조의 비민감정보이고, 또 하나는 제8조의 민감정보이다.

4.1.1. 비민감정보의 적법한 처리(Lawful processing of non-sensitive data)

'개인정보 처리의 적법성에 관한 일반규정'이라는 타이틀이 붙은 지침 95/46 제2장은 제13조에 의해 허용된 예외에 따라서, 개인정보의 모든 처리는 첫째로 정보보호지침 제6조에서 규정된 정보품질과 관련되는 원칙들을 준수하여야 하고, 둘째로 제7조에 열거된 정보처리의 적법성기준의 하나를 준수하여야 한다.[130] 이것은 비민감 개인정보의 처리를 적법화하는 경우를 설명한다.

동의(Consent)

CoE**법**에서, 동의는 ECHR 제8조 또는 조약 제108호에서 언급되어 있지 않다. 그러나, 동의는 ECtHR의 판례와 몇 개의 CoE 권고에서는 언급되어 있다. EU**법**에서, 적법한 정보처리의 근거로서의 동의는 정보보호지침 제7조 제a호에서 확실하게 규정되어 있고, 또

130 CJEU, Joined cases C-465/00, C-138/01 and C-139/01. *Rechnungshof v. Österreichischer Rundfunk and Others and Neukomm and Lauermann v. Österreichischer Rundfunk*, 20 May 2003, para. 65; CJEU, C-524/06, *Huber v. Germany*, 16 December 2008, para. 48; CJEU, Joined cases C-468/10 and C-469/10, *Asociación Nacional de Establecimientos Financieros de Crédito (ASNEF) and Federación de Comercio Electrónico y Marketing Directo (FECEMD) v. Administración del Estado*, 24 November 2011, para. 26.

한 헌장 제8조에서도 명시적으로 언급되어 있다.

계약적 관계(Contractual relationship)

정보보호지침 제7조 제b호에서 열거된, EU**법**에서의 개인정보의 적법한 처리를 위한 또 다른 근거는 그것이 "정보주체가 당사자인 계약의 이행을 위해 필요한" 경우이다. 동 규정은 또한 사전계약관계에 대해서도 적용된다. 예컨대, 일방 당사자가 계약을 체결하고자 하지만, 몇 가지 체크를 해야 할 사항이 남아 있기 때문에 그렇게 하지 못했다. 만일 일방 당사자가 이러한 목적을 위하여 정보를 처리할 필요가 있다면, 그러한 처리는 그것이 "계약을 체결하기 전에 정보주체의 요청에 따라서 조치를 취하기 위한" 것인 한 정당하다.

CoE**법**에 관하여, "타인의 권리와 자유의 보호"는 정보보호권에 대한 적법한 간섭의 이유로서 ECHR 제8조 제2항에서 언급되어 있다.

관리자의 법적 의무(Legal duties of the controller)

그래서, EU**법**은 즉, 만일 "관리자가 따라야 할 법적 의무를 준수하기 위하여 필요하다면"(정보보호지침 제7조 제c호), 또 다른 정보처리의 적법성기준에 대해 명시적으로 언급하고 있다. 동 규정은 사적 영역에서 활동하고 있는 관리자들에 대해 규정하고 있으며, 반면 공적 영역 정보관리자의 법적 의무는 동 지침 제7조 제e호의 적용을 받는다. 사적 영역 관리자들이 법률에 의하여 타인들에 대한 정보를 처리할 의무있는 경우가 다수 있다. 예컨대, 의사들과 병원들은 수년 동안 환자들의 치료에 대한 정보를 저장할 법적 의무를 가지며, 고용주들은 사회보험과 과세의 이유로 고용인들에 대한 정보를 처리하여야 하고, 사업가들은 과세 이유로 고객들에 관한 정보를 처리하여야 한다.

관리자의 법적 의무는 또한 **CoE법**에 의해 적법한 정보처리의 기초로서 작용한다. 앞에서 지적한 바와 같이, 사적 영역 관리자의 법적 의무는 ECHR 제8조 제2항에서 언급된 것처럼, 타인들의 정당한 이익의 하나의 구체적 사례이다. 그러므로, 위의 사례는 또한 CoE법에 대해서도 타당하다.

정보주체의 중대한 이익(Vital interests of the data subject)

EU법에서, 정보보호지침 제7조 제d호는 개인정보의 처리는 "정보주체의 중대한 이익을 보호하기 위하여 필요한 경우에" 적법하다고 규정하고 있다. 이러한 이익은 정보주체의 생존과 밀접한 관련을 가지고 있기 때문에, 예컨대, 건강정보나 행방불명된 사람에 대한 정보의 적법한 이용의 근거로 될 수 있다.

CoE법에서, 정보주체의 중대한 이익은 정보보호권의 적법한 간섭의 이유로써 ECHR 제8조에 언급되어 있지 않다. 그러나, 특별한 분야에서 조약 제108호를 보완하는 CoE 권고들에서 정보주체의 중대한 이익은 적법한 정보처리의 근거로써 명시적으로 언급되어 있다.[131] 정보주체의 중대한 이익은 분명히 정보처리를 정당화시키는 이유 중에 함축되어 있는 것으로 간주된다. 즉, 기본권 보호가 보호

131 Profiling Recommendation, Art. 3.4 (b).

받는 사람의 중대한 이익을 위태롭게 하여서는 결코 안된다.

공익과 공권력의 행사(Public interest and exercise of official authority)

정보보호지침 제7조 제e호는 다양한 방식으로 공무가 처리되고 있음을 감안하여, "공익으로 또는 관리자나 정보가 공개된 제3자에게 부여된 공권력의 행사로 이루어진 임무의 수행을 위해 필요하다면",[132] 개인정보는 적법하게 이용될 수 있다고 규정하고 있다.

사례 : *Huber v. Germany* 사건[133]에서, 독일에서 거주중인 오스트리아인인 Mr Huber는 연방이민난민청(Federal Office for Migration and Refugees)에 중앙외국인등록부(AZR)에 실린 자기에 관한 정보를 삭제할 것을 청구하였다. 이 등록부는 3개월 이상 독일에서 거주하는 비독일 EU시민들에 관한 개인정보를 포함하고 있는 바, 통계 목적을 위하여, 그리고 공공의 안전을 위협하는 범죄행위나 사람들을 수사하고 기소할 때 법집행기관과 사법기관들에 의해 이용되고 있다. 제청법원은 다른 공적 기관들도 접근하는 중앙외국인등록부와 같은 등록부에서 이루어진 개인정보의 처리가 그러한 등록부가 독일국민들에 대해서는 존재하지 않는다면 EU법과 양립할 수 있는지에 대해서 질문하였다.

132 See Data Protection Directive, Recital 32.

133 CJEU, C-524/06, *Huber v. Germany*, 16 December 2008.

CJEU는 먼저 지침 제7조 제e호에 의하여, 개인정보는 공익으로 또는 공권력의 행사로 이루어진 임무의 수행을 위해 필요한 경우에만 적법하게 처리될 수 있다고 주장한다.

재판소에 따르면, "모든 회원국들에서 동등한 보호수준을 보장한다는 목적을 고려할 때, 지침 95/46 제7조 제e호에서 규정된 필요성의 개념은 회원국들 간에 다른 의미를 가질 수 없다. 그러므로, 공동체법에서 그 자신의 독립적 의미를 가지며, 지침 제1조 제1항에서 규정된 바와 같이 동 지침의 목적을 완전히 반영하는 방식으로 해석되어야 하는 개념이 쟁점이 되는 셈이다".[134]

재판소는 그 국민이 아닌 어느 회원국의 영토에서 연합시민의 거주이전의 자유권은 아무런 조건이 없는 것은 아니고, 조약과 그 시행법령에 의해 부과된 한계와 조건의 대상이 될 수 있다고 말한다. 따라서, 원칙적으로, 회원국이 거주권과 관련되는 입법을 적용할 책임이 있는 기관들을 지원하기 위하여 AZR과 같은 등록부를 이용하는 것이 적법하다면, 그 등록부는 그러한 특별한 목적을 위하여 필요한 것이 아닌 정보를 포함하여서는 안된다. 재판소는 그것이 그 입법을 적용하는데 필요한 정보만을 포함하고, 그것이 중앙집중식일 때 그 입법의 적용이 보다 효과적이 된다고 한다면, 그러한 개인정보 처리시스템은 EU법을 준수하는 것이라고 결정한다. 국가법원은 그들 조건이 이러한 구체적인 경우에 충족되는지 여부를 확인하여야 한다. 만일 충족되

134 *Ibid.*, para. 52.

지 않는다면, 통계 목적을 위하여 AZR과 같은 등록부에서의 개인정보의 저장과 처리는 어떠한 근거에 의해서도 지침 95/46/EC 제7조 제e호의 의미 내에서 필요한 것으로 간주될 수 없다.[135]

마지막으로, 범죄와의 전쟁을 위하여 그 등록부에 포함된 정보의 이용의 문제와 관련하여, 재판소는 이러한 목적은 "필연적으로 범인들의 국적과 관계없이 저지른 범죄의 기소를 포함한다"고 판결한다. 문제의 등록부는 관계회원국의 국민들과 관련되는 개인정보를 포함하고 있지 않고, 이러한 차별대우는 TFEU 제18조에 의해 금지된 차별에 해당한다. 그러므로, 재판소가 해석한 바와 같이, 동 규정은 "범죄와의 전쟁을 위하여, 그 회원국의 국민들이 아닌 연합시민들에게만 해당하는 개인정보처리시스템의 정비를 금지한다."[136]

공적 영역에서 활동하는 기관들에 의한 개인정보의 이용은 또한 ECHR 제8조의 적용을 받는다.

관리자 또는 제3자에 의해 추구된 정당한 이익 (Legitimate interests pursued by the controller or by a third party)

정보주체만이 정당한 이익을 가지는 자는 아니다. 정보보호지침

135 *Ibid.*, paras. 54, 58, 59, 66-68.
136 *Ibid.*, paras. 78 and 81.

제7조 제f호는 “보호를 필요로 하는 정보주체의 기본적인 권리와 자유를 위한 이익이 보다 우월한 경우를 제외하고, 관리자나 그 정보가 공개된 제3자에 의해 추구된 정당한 이익을 위하여 필요하다”면 개인정보는 적법하게 처리될 수 있다고 규정하고 있다.

다음 판결에서, CJEU는 지침 제7조 제f호에 대해 다음과 같이 명시적으로 판결하였다.

사례 : *ASNEF and FECEMD* 사건[137]에서, CJEU는 국가법에서 정보의 적법한 처리를 위해 지침 제7조 제f호에서 언급된 것들에 추가적으로 조건을 부가하는 것은 허용되지 않는다는 것을 명확히 하였다. 이 사건은 스페인 정보보호법이 정보가 이미 공적 출처에서 게시된 경우에만 사적 당사자들은 개인정보의 처리에 있어서 정당한 이익을 주장할 수 있다는 규정을 포함한 것과 관련된 사안이다.

재판소는 우선 지침 95/46/EC는 개인정보의 처리와 관련하여 개인의 권리와 자유의 보호수준이 모든 회원국들에서 동등할 것을 보장하고자 하는 것이라고 지적하였다. 또한, 이 분야에서 적용가능한 국가법이 상호 근접하게 됨으로써, 그로 인해 제공

137 CJEU, Joined cases C-468/10 and C-469/10, *Asociación Nacional de Establecimientos Financieros de Crédito (ASNEF) and Federación de Comercio Electrónico y Marketing Directo (FECEMD) v. Administración del Estado*, 24 November 2011.

되는 보호가 감소되는 결과를 초래하여서는 안된다. 그 대신, 그것은 EU에서 높은 수준의 보호를 보장하고자 하는 것이어야 한다.[138] 결론적으로, CJEU는 "모든 회원국들에서 동등한 보호 수준을 보장한다는 목적으로부터 지침 95/46 제7조는 개인정보의 처리가 적법한 것으로 간주될 수 있는 경우의 제한적이고 열거적인 항목을 규정하고 있는 것이 된다"고 판결하였다. 더구나, "회원국들은 개인정보의 처리의 적법성과 관련되는 새로운 원칙들을 지침 95/46 제7조에 부가하거나 제7조에서 규정된 6가지 원칙들 중 하나의 범위를 개정하는 효과를 가지는 요건을 추가적으로 부과할 수 없다."[139] 재판소는 지침 95/46/EC 제7조 제f호에 따라서 필요한 형량과 관련하여, "처리로 인하여 발생하는 정보주체의 기본권 침해의 심각성은 문제의 정보가 이미 공적 출처에 노출되는지 여부에 따라서 다를 수 있다는 사실을 고려에 넣을 수 있다"고 인정하였다.

그러나, "지침 제7조 제f호는 반대되는 문제의 권리와 이익이 특별한 경우에 서로 형량되는 것을 허용하지 않고서, 회원국이 획일적이고 일반화된 방식으로 일정한 범주의 개인정보의 처리의 가능성을 배제하는 것을 금지하고 있다."

138 *Ibid.*, para. 28. See Data Protection Directive, Recitals 8 and 10.

139 CJEU, Joined cases C-468/10 and C-469/10, *Asociación Nacional de Establecimientos Financieros de Crédito (ASNEF) and Federación de Comercio Electrónico y Marketing Directo (FECEMD) v. Administración del Estado*, 24 November 2011, paras. 30 and 32.

> 이러한 고려에서, 재판소는 "지침 95/46/ 제7조 제f호는 정보주체의 동의가 없는 경우에, 그리고 정보관리자 또는 그 정보가 공개된 제3자의 정당한 이익을 추구하기 위하여 필요한 정보주체의 개인정보의 처리를 허용하기 위하여, 정보주체의 기본적 권리와 자유가 존중되어야 할 뿐만 아니라, 그 정보는 공적 출처에서 나타나야 하고, 그럼으로써 획일적이고 일반화된 방식으로 그러한 공적 출처에서 나타나지 않은 정보의 처리를 배제할 것을 요구하는 국가법령을 금지하는 것으로 해석하여야 한다"[140]고 결정하였다.

CoE 권고들에서도 비슷한 공식들을 발견할 수 있다. 프로파일링 권고는 타인의 정당한 이익을 위하여 필요하다면, "정보주체의 기본적 권리와 자유가 그러한 이익들 보다 우월한 경우를 제외하고",[141] 프로파일링 목적을 위한 개인정보의 처리를 적법한 것으로 인정한다.

4.1.2. 민감정보의 적법한 처리(Lawful processing of sensitive data)

CoE**법**은 민감정보를 이용하기 위하여 적절한 보호를 규정하는 것을 국내법에 맡기고 있는 데 반하여, EU**법**은 정보보호지침 제8조에서 인종이나 민족, 정치적 의견, 종교적·철학적 신념, 조합원자격 또는 건강이나 성에 관한 정보를 나타내는 정보의 범주를 처리하기

140 *Ibid.*, paras. 40, 44, 48 and 49.

141 Profiling Recommendation, Art. 3.4 (b).

위한 자세한 법제를 포함하고 있다. 민감정보의 처리는 원칙적으로 금지된다.[142] 그러나, 지침 제8조 제2항과 제3항에서 발견될 수 있는 이러한 금지에 대해 열거적인 적용제외 항목이 있다. 이들 적용제외는 정보주체의 명시적 동의, 정보주체의 중대한 이익, 타인들의 정당한 이익과 공익을 포함한다.

비민감정보의 처리의 경우에서와는 달리, 정보주체와의 계약관계는 민감정보의 적법한 처리를 위한 일반적인 근거로는 간주되지 않는다. 그러므로, 만일 민감정보가 정보주체와의 계약에서 처리될 수 있으려면, 이들 정보의 이용에는 계약체결에 대한 합의에 더하여, 정보주체의 별개의 명시적인 동의가 요구된다. 그러나, 민감정보를 나타내는 물품이나 서비스의 정보주체에 의한 명시적인 요청은 반드시 명시적인 동의와 같은 것으로 간주되어야 한다.

> 사례 : 만일 항공사탑승객이 항공권 예약을 하면서 휠체어와 코셰르 음식을 제공할 것을 요구한다면, 항공사는 그 승객이 자신의 건강과 신앙에 관한 정보를 드러내는 정보의 이용을 동의한다고 하는 추가적인 동의조항에 사인을 하지 않았다고 하더라도, 항공사는 이들 정보를 이용하는 것이 허용된다.

정보주체의 명시적 동의(Explicit consent of the data subject)

비민감정보이든 민감정보이든 관계없이, 정보의 적법한 처리를

142 Data Protection Directive, Art. 8 (1).

위한 첫 번째 조건은 정보주체의 동의이다. 민감정보의 경우에, 그러한 동의는 명시적이어야 한다. 그러나, 민감정보의 이용에 대한 동의는 예컨대, 처리가 예외적으로 정보주체에 대해 특별한 리스크를 포함하는 경우에, 처리를 허용하기 위한 법적 근거로서는 충분하지 않다[143]고 국가법으로 규정할 수 있다.

특별한 경우에, 암묵적인 동의도 민감정보 처리의 법적 근거로서 인정된다. 즉, 지침 제8조 제2항 제e호는 정보주체에 의해 명백하게 공개된 정보와 관련된다면, 처리가 금지되지 않는다고 규정하고 있다. 동 조항은 정보를 공개하는 정보주체의 행위는 그러한 정보의 이용에 대한 정보주체의 동의를 의미하는 것으로 해석되어야 함을 추정하게 한다.

정보주체의 중대한 이익(Vital interests of the data subject)

비민감정보의 경우에서처럼, 민감정보는 정보주체의 중대한 이익으로 인해 처리될 수 있다.[144]

민감정보의 처리가 이러한 근거에서 적법한 것으로 되기 위해서는, 예컨대, 정보주체가 의식불명이라거나 부재중이어서 연락이 닿지 않기 때문에 결정을 위해 정보주체에게 물을 수 없었을 것이 필요하다.

---

143 *Ibid.*, Art. 8 (2) (a).

144 *Ibid.*, Art. 8 (2) (c).

타인의 정당한 이익(Legitimate interests of others)

비민감정보의 경우에서처럼, 타인의 정당한 이익은 민감정보 처리의 근거로 기능할 수 있다. 그러나, 민감정보를 위해, 그리고 정보보호지침 제8조 제2항에 따르면, 이것은 다음의 경우에만 적용된다.

- 정보주체가 사실상 또는 법적으로 동의를 할 수 없을 때, 타인의 중대한 이익[145]으로 인하여 처리가 필요한 경우에 ;
- 특별히 위험한 작업장소의 경우에 건강정보와 같은, 또는 공휴일의 경우에 신앙정보와 같은 민감정보가 고용법의 분야에서 관련되는 경우에[146] ;
- 정치적, 철학적, 종교적 또는 조합 목적을 가진 재단, 협회 또는 다른 비영리기구들이 그 회원들이나 후원자들 또는 다른 이해당사자들에 관한 정보를 처리하는 경우에(그러한 정보는 관계인의 종교적 또는 정치적 신념을 나타내기 때문에 민감하다)[147] ;
- 법적 청구권의 입증, 행사 또는 방어를 위해 법원이나 행정기관에 제기되는 법적 쟁송에서 민감정보가 이용되는 경우에[148]
- 또한, 정보보호지침 제8조 제3항에 따르면, 헬스케어사업자들에 의한 의료적 검사와 치료를 위해 건강정보가 이용되는 경

145 *Ibid.*

146 *Ibid.*, Art. 8 (2) (b).

147 *Ibid.*, Art. 8 (2) (d).

148 *Ibid.*, Art. 8 (2) (e).

우에, 이들 서비스의 운영에는 이러한 예외가 포함된다. 특별한 안전장치로서, 특정한 직업적 비밀유지의무의 적용대상이 되는 경우에만 "헬스케어사업자"로 간주된다.

공익(Public interest)

부가적으로, 정보보호지침 제8조 제4항에 따르면, 회원국들은 다음과 같은 경우에 민감정보가 처리될 수 있는 추가적인 목적을 도입할 수 있다.

- 정보의 처리가 중요한 공익을 이유로 하는 경우 ; 그리고
- 국가법에 의해 또는 감독기관의 결정에 의해 규정되는 경우 ; 그리고
- 국가법 또는 감독기관의 결정이 정보주체들의 이익을 실효적으로 보호하기 위하여 필요한 안전장치를 포함하는 경우.[149]

이러한 좋은 사례로서는 많은 회원국들에서 설치되려고 하는 전자건강파일시스템을 들 수 있다. 이러한 시스템은 헬스케어사업자가 환자를 치료하는 중에 수집한 건강정보를 대규모로, 보통은 전국적으로 이 환자의 다른 헬스케어사업자가 이용할 수 있도록 허용하고 있다.

제29조작업반은 그러한 시스템의 설치는 정보보호지침 제8조 제3항에 근거하여 환자에 관한 정보를 처리하기 위하여 현행법규정에

---

149 *Ibid.*, Art. 8 (4).

의해서는 이루어질 수 없다고 결정하였다. 그러나, 그러한 전자건강파일시스템의 존재가 중요한 공익을 형성한다고 가정하면, 그것은 그 설치의 명시적인 법적 근거를 요구하고, 또한 그 시스템이 안전하게 운영되는 것을 보장하기 위하여 필요한 안전장치를 포함하는 지침 제8조 제4항에 근거할 수 있다.[150]

4.2. 처리의 보안에 관한 규정 (Rules on security of processing)

요점

- 처리의 보안에 관한 규정은 정보처리작용에 대한 권한 없는 간섭을 방지하기 위하여 적절한 기술적·조직적 조치를 이행할 관리자와 처리자의 의무를 포함한다.
- 필요한 정보보안수준은 다음에 의해 결정된다.
  - 특별한 유형의 처리를 위해 시장에서 이용할 수 있는 보안제품 ; 그리고
  - 비용 ;
  - 처리된 정보의 민감성.
- 정보의 안전한 처리는 정보가 비밀로 유지될 것을 보장하는 모든 사람들, 관리자 또는 처리자의 일반적 의무에 의해 더욱 보장된다.

150 Article 29 Working Party (2007), *Working Document on the processing of personal data relating to health in electronic health records (EHR)*, WP 131, Brussels, 15 February 2007.

그러므로, 정보보안을 보장할 적절한 조치를 정비할 관리자와 처리자의 의무는 EU**정보보호법**과 CoE**정보보호법**에서도 규정되어 있다.

4.2.1. 정보보안의 요소(Elements of data security)

EU**법**의 관련조항에 따르면 :

> *"회원국들은 특히 처리가 네트워크상에서의 정보의 이전을 포함하는 경우에 사고나 불법적인 파기 또는 사고에 의한 멸실, 변경, 권한없는 공개나 접근에 대하여, 그리고 다른 모든 불법적인 형태의 처리에 대하여 관리자는 개인정보를 보호하기 위한 적절한 기술적 및 조직적 조치를 이행하여야 할 것을 규정한다."*[151]

CoE**법**에서도 유사한 규정이 존재한다. :

> *"권한없는 접근, 변경 또는 배포는 물론, 사고에 의하거나 권한없는 파기 또는 사고에 의한 멸실에 대하여 자동화된 정보파일에 저장된 개인정보의 보호를 위하여 적절한 보안조치가 취해지도록 한다."*[152]

151 Data Protection Directive, Art. 17 (1).

152 Convention 108, Art. 7.

종종 정보의 안전한 처리를 위하여 발전되어 온 산업적, 국가적 및 국제적 기준들이 또한 존재한다. 예컨대, 유럽프라이버시씰(European Privacy Seal ; EuroPriSe)은 제품들, 특히 소프트웨어가 유럽정보보호법을 준수한 것으로 인정하는 것의 가능성을 조사해온 EU의 eTEN (Trans-European Telecommunications Networks) 프로젝트이다. 유럽네트워크·정보보안청(Information Security Agency ; ENISA)이 EU, EU회원국들과 사업계가 네트워크 및 정보보안 문제를 방지하고 해결하며, 대응하는 능력을 향상시키기 위하여 설치되었다.[153] ENISA는 현재 보안 위협의 분석과 그것들의 해결방법에 대한 조언을 정기적으로 공표한다.

정보보안은 시설-하드웨어와 소프트웨어-을 잘 갖췄다고 달성되는 것은 아니다. 그것은 또한 적절한 내부조직규정을 필요로 한다. 그러한 내부규정은 다음과 같은 쟁점을 포함한다면 이상적일 것이다.

- 정보보안규정과 정보보호법에 의한 의무, 특히 비밀유지의무에 관하여 모든 고용인에 대한 정기적인 정보제공 ;
- 정보처리문제, 특히 개인정보를 처리하고 제3자에게 정보를 이전하는 결정에 관하여 명확한 책임의 분배와 명확한 능력의 범위 ;

153 Regulation (EC) No. 460/2004 of the European Parliament and of the Council of 10 March 2004 establishing the European Network and Information Security Agency, OJ 2004 L 77.

- 오로지 법적 권한 있는 자의 지시에 따른 또는 일반적으로 규정된 규칙에 따른 개인정보의 이용 ;
- 접근허가에 대한 체크를 포함하여, 관리자나 처리자의 위치와 하드웨어 및 소프트웨어에 대한 접근의 보호
- 개인정보에의 접근허가는 법적 권한 있는 자에 의해 부여되었으며, 적절한 문서를 요구하는 것을 보장하며 ;
- 전자적 수단에 의한 개인정보에의 접근에 관한 자동화된 프로토콜과 내부감독책임자에 의한 그러한 프로토콜의 정기적인 체크 ;
- 불법적인 정보이전이 발생하지 않았음을 입증할 수 있도록 정보에의 자동화된 접근이 아닌 다른 유형의 공개를 위한 신중한 자료정리.

적절한 정보보안훈련과 교육을 스탭구성원들에게 제공하는 것은 또한 효과적인 보안 예방책의 중요한 요소이다. 인증절차는 또한 적절한 조치가 서류상으로뿐만 아니라 실제로 이행되고 기능하고 있음(내부 또는 외부 감사와 같은)을 보장하기 위하여 설치되어야 한다.

관리자나 처리자의 보안수준을 향상시키기 위한 조치들에는 개인정보 보호책임자, 고용인의 보안교육, 정기감사, 모의침투테스트(해킹테스트)와 품질인증과 같은 도구들이 포함된다.

사례 : *I. v. Finland* 사건[154]에서, 청구인은 그녀의 건강기록이 근무하던 병원의 다른 고용인들에 의해 부당하게 접근되었음을 입증할 수 없었다. 따라서, 그녀의 정보보호권 침해 주장은 국내법원에 의해 기각되었다. ECtHR는 병원의 건강파일등록시스템이 "다섯 개의 최근기록만을 나타내고 환자기록의 이용을 소급적으로 명확하게 할 수 없으며, 이러한 정보는 파일이 아카이브로 보내지면 삭제되기" 때문에, ECHR 제8조의 위반이 있었다고 결정하였다. 재판소로서는 병원의 기록제도가 국내법에 포함된 법정요건을 분명히 준수하지 않았다는 것, 국내법원에 의해 정당한 형량이 이루지지 않았다는 사실이 결정적이었다.

정보유출 통지(Data breach notifications)

정보보안의 침해를 취급하기 위한 새로운 수단, 즉, 전자통신서비스 제공자들이 잠재적인 피해자들과 감독기관에 대해 정보유출을 통지할 의무가 몇몇 유럽국가들의 정보보호법에 도입되었다. 전기통신 제공자들에게 이것은 EU법에 의해 의무적이다.[155] 정보주체

154 ECtHR, *I. v. Finland*, No. 20511/03, 17 July 2008.

155 See Directive 2002/58/EC of the European Parliament and of the Council of 12 July 2002 concerning the processing of personal data and the protection of privacy in the electronic communications sector, (*Directive on privacy and electronic communications*), OJ 2002 L 201, Art. 4 (3), as amended by Directive 2009/136/EC of the European Parliament and of the Council of 25 November 2009 amending Directive 2002/22/EC on universal service and users' rights relating to electronic communications networks and services; see also Directive 2002/58/EC concerning the processing of personal data and the protection of privacy in the electronic communications sector and Regulation

에 대한 정보유출의 통지는 손해를 회피하는 것이다. 즉, 정보유출과 그 예상가능한 결과의 통지는 정보주체에 대한 부정적 영향의 리스크를 최소화한다. 중대한 과실이 인정되는 경우에, 제공자들은 벌금이 부과될 수 있다.

정보주체와/또는 감독기관에게 보고할 의무기간은 다소 단기인 경우가 일반적이기 때문에, 미리 보안유출의 효과적인 관리와 보고를 위해 내부절차를 수립하는 것이 필요할 것이다.

4.2.2. 비밀성(Confidentiality)

EU**법**에서, 정보의 안전한 처리는 정보가 비밀로 보관될 것을 보장하는 모든 사람, 관리자나 처리자의 일반적 의무에 의하여 더욱 보장된다.

사례 : 보험회사의 고용인이 직장에서 고객이라고 말하는 누군가로부터 자신의 보험계약에 관한 정보를 요구하는 전화를 받는다.

고객의 정보를 비밀로 보관할 의무는 그 고용인이 개인정보를 공개하기 전에 적어도 최소한의 보안조치를 적용할 것을 요구한다. 이것은 예컨대 고객파일에 기록된 전화번호로 회신전화를 걺으로써 할 수 있을 것이다.

(EC) No. 2006/2004 on cooperation between national authorities responsible for the enforcement of consumer protection laws, OJ 2009 L 337.

정보보호지침 제16조는 관리자－처리자 관계 내에서만 적용되는 비밀성과 관련된다. 관리자들이 정보를 제3자에게 공개할 수 없다는 의미에서 정보를 비밀로 유지해야 하는지 여부는 지침 제7조와 제8조에 의하여 다루어진다.

비밀유지의무는 정보가 어떤 사람을 관리자나 처리자의 고용인으로서가 아니라 사인으로서의 자격으로 식별하게 되는 상황에까지 확장되지는 않는다. 이러한 경우에, 사실 사인에 의한 개인정보의 이용은 이른바 가사활동면제의 경계 내에 속하는 지침의 위임권한으로부터 완전히 면제되기 때문에, 정보보호지침 제16조는 적용되지 않는다.[156] 가사활동면제는 "순전히 사적 또는 가사활동 중에 자연인에 의한"[157] 개인정보의 이용이다. 그러나, *Bodil Lindqvist* 사건[158]에서의 CJEU의 판결 이후, 이러한 적용제외는 특히 정보의 공개와 관련하여 좁게 해석되어야 한다. 특히 가사활동면제는 개인정보가 인터넷상에서의 무제한의 수취인들에게 공개되는 것에까지 확장되지 않아야 할 것이다(사건에 대해 보다 상세한 것은 2.1.2., 2.2.와 6.1. 참조).

CoE**법**에서, 비밀유지의무는 정보보안에 대해 다루고 있는 조약 제108호 제7조의 정보보안 관념에서 포함되어 있다.

처리자에게, 비밀성은 관리자가 내린 지시에 따라서만 자기에게 위탁된 개인정보를 이용할 수 있다는 것을 의미한다. 관리자나 처

---

156 Data Protection Directive, Art. 3 (2) second indent.

157 *Ibid.*

158 CJEU, C-101/01, *Lindqvist*, 6 November 2003.

리자의 고용인들에게, 비밀성은 고용인들이 그들의 권한있는 상급자의 지시에 따라서만 개인정보를 이용할 것을 요구한다.

비밀유지의무는 관리자와 처리자 간의 계약에서 포함되어야 한다. 나아가, 관리자와 처리자는 일반적으로 고용인의 고용계약에서 비밀성을 포함함으로써 달성되는, 고용인들의 법적 비밀유지의무를 규정하는 특별한 조치를 취하여야 할 것이다.

직업적 비밀유지의무의 침해는 많은 EU회원국들과 조약 제108호 당사국들의 형법에 의해 처벌될 수 있다.

4.3. 처리의 투명성에 관한 규정 (Rules on transparency of processing)

요점

- 관리자는 개인정보의 처리를 시작하기 전에, 정보주체가 아직 이 정보를 가지고 있지 않다면, 정보주체에게 적어도 관리자의 신원과 정보처리의 목적을 통지하여야 한다.
- 정보가 제3자로부터 수집된 경우에, 정보제공의무는 다음의 경우에 적용되지 않는다.
    - 정보처리가 법률에 의해 규정되는 경우 ; 또는
    - 정보의 제공이 불가능한 것으로 입증되거나 비례적이지 않는 노력을 포함하는 경우.

- 관리자는 개인정보의 처리를 시작하기 전에, 추가적으로, 다음 사항을 하여야 한다 :
  - 예정된 처리작용을 감독기관에 신고할 것 ; 또는
  - 국가법이 그러한 절차를 규정하고 있다면, 독립적인 개인정보보호책임자가 그 처리를 내부적으로 문서화하도록 할 것.

공정한 처리의 원칙은 처리의 투명성을 요구한다. CoE**법**은 이러한 취지에서 누구나 정보처리파일, 그 목적과 책임있는 관리자의 존재를 확인할 수 있어야 한다고 규정하고 있다.[159] 이를 달성하는 방법에 대해서는 국내법에 맡겨져 있다. EU**법**은 보다 구체적이며, 정보주체를 위해서는 관리자의 정보제공의무에 의해, 그리고 일반인을 위해서는 신고에 의해 투명성을 확보하고 있다.

양 법제도에서, 이것이 민주사회에서 필요한, 그러한 제한이 일정한 공익 또는 타인의 권리 및 자유나 정보주체의 보호를 보장하기 위해 필요한 조치를 형성할 때, 관리자의 투명성의무의 적용제외 및 제한은 국가법에서 존재할 수 있다.[160] 그러한 적용제외는 예컨대 범죄수사의 경우에 필요할 수 있으나, 다른 상황에서도 정당화될 수 있다.

159 Convention 108, Art. 8 (a).

160 *Ibid.*, Art. 9 (2); and Data Protection Directive, Art. 13 (1).

4.3.1. 정보(Information)

EU법과 CoE법에 따르면, 처리작용을 하는 관리자들은 예정된 처리에 대하여 미리 정보주체에게 정보를 제공하여야 한다.[161] 이러한 의무는 정보주체로부터의 요청에 의하는 것이 아니라, 정보주체가 정보에 관심을 표시하는지 여부에 관계없이 관리자가 주도적으로 준수하여야 한다.

정보의 내용(Content of the information)

정보에는 관리자의 신원과 계약의 상세한 내용은 물론, 처리의 목적도 포함되어야 한다.[162] 정보보호지침은 이것이 "정보가 수집되는 구체적인 상황을 고려하여, 정보주체에 대한 공정한 처리를 보장할 필요가 있는" 경우에, 추가적인 정보가 제공될 것이 요구된다. 지침 제10조와 제11조는 특히 정보에의 접근권과 정정권은 물론, 처리된 정보의 범주와 그러한 정보의 수취인에 대해 개괄적으로 규정하고 있다. 정보주체로부터 정보가 수집된 경우에, 답변을 하지 않은 경우의 결과와 함께 질문에 대한 답변이 의무적인지 임의적인지를 명확히 하여야 한다.[163]

CoE법의 관점에서, 이러한 정보제공규정은 공정한 정보처리의 원칙에 의한 좋은 관행으로 간주될 수 있으며, 이러한 범위에서 CoE법의 일부이기도 한다.

161 Convention 108, Art. 8 (a); and Data Protection Directive Art. 10 and 11.
162 Convention 108, Art. 8 (a); and Data Protection Directive, Art. 10 (a) and (b).
163 Data Protection Directive, Art. 10 (c).

공정한 처리의 원칙은 제공되는 정보가 정보주체에 의해 쉽게 이해될 수 있을 것을 요구한다. 상대방에게 적합한 언어를 사용하여야 한다. 사용되는 언어의 수준과 유형은 예정된 대중이 예컨대, 성인인지 아동인지, 일반인인지 전문연구자들인지에 따라서 다를 필요가 있을 것이다. 일부 정보주체들은 자신의 정보가 어떻게 그리고 왜 처리되고 있는지를 단지 간략하게 정보제공을 받기 원할 것이고, 반면, 다른 정보주체들은 상세한 설명을 요구할 것이다. 이러한 공정한 정보제공의 측면을 어떻게 균형을 취할 것인가는 이른바 단계적 통지라는 아이디어를 추진하는 제29조작업반의 의견에서 검토되고 있는 바,[164] 동 의견은 정보주체가 선호하는 내용의 수준을 결정하도록 하자는 것이다.

정보제공의 시기(Time of providing information)

정보보호지침은 정보가 정보주체로부터 수집되는지(제10조) 또는 제3자로부터 수집되는지(제11조)에 따라서, 정보가 제공되어야 하는 시기에 대해 다소 다른 규정을 두고 있다. 정보(data)가 정보주체로부터 수집되는 경우에, 정보(information)는 적어도 수집 시에 제공되어야 한다. 정보(data)가 제3자로부터 수집되는 경우에, 정보(information)는 적어도 관리자가 그 정보(data)를 기록하는 순간이나 또는 그 정보가 최초로 제3자에게 공개되기 전에 제공되어야 한다.

164 Article 29 Working Party (2004), *Opinion 10/2004 on More Harmonised Information Provisions*, WP 100, Brussels, 25 November 2004.

정보제공의무의 면제(Exemptions from the obligation to inform)

EU법에서, 정보주체가 이미 그 정보를 가지고 있는 경우에, 정보주체에의 정보제공의무는 일반적으로 면제된다.[165] 이것은 사안의 사정에 따라서 정보가 특정한 목적을 위해 특정한 관리자에 의해 처리될 것이라는 점을 정보주체가 알고 있는 상황을 언급한 것이다.

지침 제11조는 정보가 정보주체로부터 획득되지 않은 때 정보주체에의 정보제공의무와 관련된 것인 바, 동 조는 또한 다음과 같은 경우에, 특히 통계적 목적 또는 역사적이나 과학적 연구 목적을 위한 처리에 대해 그러한 정보제공의무는 존재하지 않는다고 규정하고 있다.

- 그러한 정보의 제공이 불가능한 것으로 입증된 경우 ; 또는
- 그것이 비례적이지 않는 노력을 포함하는 경우 ; 또는
- 정보의 기록 또는 공개가 법률에 의해 명백하게 규정된 경우.[166]

정보보호지침 제11조 제2항만이 법률에 의해 규정된 경우에 정보주체는 처리작용에 대해 정보제공을 받지 않을 필요가 있다고 규정하고 있다. 법률은 그 주체가 잘 알고 있다는 일반적인 법적 가정을 전제로 한다면, 지침 제10조에 의해 정보주체로부터 정보가 수집되는 경우에 정보주체는 그 정보를 가지고 있다고 주장될 수도

165 Data Protection Directive, Art. 10 and 11 (1).

166 *Ibid.*, Recital 40 and Article 11 (2).

있다. 그러나, 법의 인지는 단지 가정일 뿐이라고 한다면, 공정한 처리의 원칙은 제10조에 의해 특히 정보가 정보주체로부터 직접 수집된 경우에 정보주체에게 정보를 제공하는 것이 특별히 부담이 되지 않을 때, 처리가 법률에 의해 규정되어 있다 할지라도 정보주체는 정보제공을 받을 것을 요구한다.

CoE법에 관해, 조약 제108호는 제8조의 적용면제를 명시적으로 규정하고 있다. 또한, 정보보호지침 제10조와 제11조에서 규정된 적용면제는 조약 제108호 제9조에 의한 적용면제의 좋은 관행의 사례들로서 간주될 수 있다.

그밖에 정보제공 방법(Different ways of providing information)

이상적인 정보제공의 방법은 모든 정보주체 각자에게 구두나 서면으로 연락하는 것이 될 것이다. 정보가 정보주체로부터 수집된다면, 정보를 제공하는 것은 수집과 동시에 이루어져야 한다. 특별히, 정보가 제3자로부터 수집되는 경우에, 정보주체에게 개인적으로 연락을 취하는 것이 명백히 실제로 곤란하다면, 정보는 또한 적절한 공표에 의해 제공될 수도 있다.

가장 유효한 정보제공방법들 중의 하나는 웹사이트 프라이버시 정책과 같은 적절한 정보제공조항을 관리자의 홈페이지에서 올리게 하는 것이 될 것이다. 그러나, 인터넷을 이용하지 않는 인구도 상당하기 때문에, 회사나 공적 기관의 정보제공정책은 이러한 점을 고려에 넣어야 한다.

4.3.2. 신고(Notification)

국가법은 처리작용을 공개될 수 있도록 관리자들이 관할감독기관에게 그들의 처리작용을 신고하도록 명령할 수 있다. 그 대신에, 국가법은 관리자들이 특히 그에 의해 수행된 처리작용의 기록부를 유지할 책임을 맡은 개인정보 보호책임자를 채용할 수 있다고 규정할 수 있다.[167] 이러한 내부 기록부는 청구에 의해 일반인에게 이용될 수 있어야 한다.

사례 : 내부 개인정보 보호책임자에 의한 문서화와 신고는 문제의 정보처리의 주된 특징을 기술하여야 한다. 이것은 관리자, 처리의 목적, 처리의 법적 근거, 처리된 정보의 범주, 제3자 수취인과 국경을 넘는 정보유통이 예정되는지 여부와 만일 예정된다면 어떤 정보인지에 대한 정보(information)를 포함할 것이다.

감독기관에 의한 신고의 공개는 특별한 기록부의 형태로 하여야 한다. 그 목적을 달성하기 위하여, 이러한 기록부에의 접근은 손쉽고 무료로 이루어져야 한다. 관리자의 개인정보 보호책임자가 보관하는 문서에 대해서도 동일하게 적용된다.

정보보호지침 제18조 제2항에 열거되어 있으며 정보주체에게 구체적인 리스크를 제기할 것 같지 않는 처리작용에 대해, 관할 감독

167 *Ibid.*, Art. 18 (2) second indent.

기관에게 신고하거나 내부 정보보호책임자를 채용할 의무의 적용 면제가 국가법에 의해 규정될 수 있다.[168]

4.4. 준수의 향상에 관한 규정 (Rules on promoting compliance)

요점

- 정보보호지침은 책임의 원칙을 전개하면서, 준수를 향상시키기 위한 몇 가지 수단을 언급하고 있다 :
    - 예정된 처리작용의 국가감독기관에 의한 사전체크 ;
    - 정보보호분야에서 특별한 전문적 의견을 관리자에게 제공할 개인정보 보호책임자 ;
    - 사회, 특히 사업부문에서의 적용을 위하여 현행 정보보호규정을 구체화시키는 행동강령
- CoE법은 프로파일링권고에서 준수를 향상시키기 위한 유사한 수단들을 제안하고 있다.

4.4.1. 사전체크(Prior checking)

정보보호지침 제20조에 따르면, 감독기관은 처리가 개시되기 전

168 *Ibid.*, Art. 18 (2) first indent.

에-처리의 목적이나 상황으로 인해- 정보주체들의 권리와 자유에 대해 구체적인 위험을 초래할 수 있는 처리작용을 체크하여야 한다. 국가법은 어떤 처리작용이 사전체크의 대상이 되는지를 결정하여야 한다. 이러한 체크의 결과, 처리작용이 금지될 수도 있고, 처리작용 계획안의 주요내용을 변경하라는 명령이 내려질 수도 있다. 지침 제20조는, 감독기관이 그러한 위험한 처리작용을 금지할 권한을 부여받고 있기 때문에, 불필요하게 위험한 처리는 개시도 하지 못하게 하는 것의 보장을 그 목적으로 한다. 이러한 제도가 실효적이기 위한 필수조건은 감독기관이 실제로 신고를 받는 것이다. 관리자들의 신고의무의 이행을 보장하기 위하여, 감독기관들은 관리자에게 과태료를 부과하는 법적 권한과 같은 강제력을 필요로 할 것이다.

사례 : 어떤 회사가 국가법에 따라서 사전체크의 대상이 되는 처리작용을 수행한다면, 이 회사는 계획된 처리작용에 관한 문서를 감독기관에 제출하여야 한다. 회사는 감독기관으로부터 긍정적인 답변을 받기 전에는 처리작용의 개시가 허용되지 않는다.

몇몇 회원국들에서는, 국가법이 그에 대신하여 일정한 기간, 예컨대 3개월 이내에 감독기관으로부터 아무런 반응이 없다면, 처리작용이 개시될 수 있다고 규정하고 있다.

4.4.2. 개인정보 보호책임자(Personal data protection officials)

정보보호지침은 관리자가 개인정보 보호책임자로서 활동할 책임자를 임명할 수 있다고 국가법으로 규정할 수 있음을 허용하고 있다.[169] 이러한 직원을 임명하는 것은 정보주체의 권리와 자유가 처리작용에 의해 불리한 영향을 받지 않도록 보장하는 것이 그 목적이다.[170]

사례 : 독일에서는, 독일연방정보보호법(*Bundesdatenschutzgesetz*) 제4f절 제1항에 따르면, 사유회사가 개인정보의 자동화된 처리에서 10인 이상을 상시적으로 고용한다면, 내부 개인정보 보호책임자를 임명할 것이 요구된다.

지침에서 명시적으로 지적되어 있는 바와 같이, 이러한 목적을 달성할 수 있기 위해서는 관리자의 조직 내에서 개인정보 보호책임자의 지위에 대해 상당한 정도의 독립성이 요구된다. 부당한 해고와 같이 만일의 사태에 대해 고용을 강력히 보장할 권리가 이러한 직책의 실효적인 기능을 지원하기 위하여 필요할 것이다.

국가정보보호법의 준수를 향상시키기 위하여, 내부 개인정보 보호책임자의 개념은 또한 몇몇 CoE권고에서도 채택되었다.[171]

---

169 *Ibid.*, Art. 18 (2) second indent.

170 *Ibid.*

171 See, for example, the Profiling Recommendation, Art. 8.3.

4.4.3. 행동강령(Codes of conduct)

사업 및 다른 분야는 준수를 향상시키기 위하여, 전형적인 처리 활동을 규율하고, 업무처리 모범규준을 규정하는 세칙을 작성할 수 있다. 그 분야의 구성원들의 전문적 의견은 실질적이고, 그러므로 따르기 쉬운 해법을 찾는데 유리할 것이다. 따라서, 회원국들-유럽위원회는 물론-은 여러 분야의 개별적 특징을 고려하여, 지침에 따라서 회원국들이 채택한 국가법조항의 적절한 이행에 기여하는 행동강령의 작성에 노력하도록 자극받는다.[172]

이들 행동강령이 정보보호지침에 따라서 채택된 국가법조항에 일치할 것을 보장하기 위하여, 회원국들은 강령의 평가절차를 수립하여야 한다. 이 절차는 보통 국가기관, 무역협회와 그밖에 범주의 관리자들을 대표하는 다른 기구들의 참여를 요구할 것이다.[173]

공동체법전 초안과 현행 공동체법전의 개정 또는 증보는 평가를 위해 제29조작업반에 제출될 수 있다. 이 작업반에 의해 승인된 후에, 유럽위원회는 그러한 법전의 적절한 공개를 보장할 수 있다.[174]

사례 : 유럽다이렉트·인터랙티브마케팅연맹(FEDMA)은 다이렉트마케팅에서 개인정보의 이용을 위해 유럽실무규약(European Code of Practice)을 작성하였다. 동 규약은 성공적으로 제29조

172 See the Data Protection Directive, Art. 27 (1).

173 *Ibid.*, Art. 27 (2).

174 *Ibid.*, Art. 27 (3).

작업반에 제출되었다. 전자마케팅통신과 관련되는 부속문서가 2010년에 규약에 추가되었다.[175]

175 Article 29 Working Party (2010), *Opinion 4/2010 on the European code of conduct of the FEDMA for the use of personal data in direct marketing*, WP 174, Brussels, 13 July 2010.

제5장

정보주체의 권리와 그 집행

EU	관련쟁점	CoE
접근권		
정보보호지침 제12조 CJEU, C-553/07, *College van burgemeester en wethouders van Rotterdam v. M.E.E. Rijkeboer*, 7 May 2009	**자기정보에의 접근권**	조약 제108호 제8조 제b호
	정정권, 삭제권 또는 차단권	조약 제108호 제8조 제c호 ECtHR, *Cemalettin Canli v. Turkey*, No. 22427/04, 18 November 2008 ECtHR, *Segerstedt-Wiberg and Others v. Sweden*, No. 62332/00, 6 June 2006 ECtHR, *Ciubotaru v. Moldova*, No. 27138/04, 27 April 2010
반대권		
정보보호지침 제14조 제1항 제a호	**정보주체의 특별한 상황으로 인한 반대권**	프로파일링권고 제5.3.조

EU	관련쟁점	CoE
정보보호지침 제14조 제1항 제b호	**마케팅 목적을 위한 정보의 추가적 이용에 대한 반대권**	다이렉트마케팅권고 제4.1.조
정보보호지침 제15조	**자동화된 결정에 대한 반대권**	프로파일링권고 제5.5.조
독립적 감독		
헌장 제8조 제3항 정보보호지침 제28조 EU기관정보보호규칙 제5장 정보보호규칙 CJEU, C-518/07, *European Commission v. Federal Republic of Germany*, 9 March 2010 CJEU, C-614/10, *European Commission v. Republic of Austria*, 16 October 2012 CJEU, C-288/12, *European Commission v. Hungary*, 8 April 2014	**국가감독기관**	조약 제108호 추가의정서 제1조
권리구제와 제재		
정보보호지침 제12조	**관리자에의 요구**	조약 제108호 제8조 제b호
정보보호지침 제28조 제4항 EU기관정보보호규칙 제32조 제2항	**감독기관에 제기된 청구**	조약 제108호 추가의정서 제1조 제2항 제b호
헌장 제47조	**법원(일반)**	ECHR 제13조
정보보호지침 제28조 제3항	**국가법원**	조약 제108호 추가의정서 제1조 제4항

EU	관련쟁점	CoE
TFEU 제263조 제4항 EU기관정보보호규칙 제32조 제1항 TFEU 제267조	CJEU	
	ECtHR	ECHR 제34조
권리구제와 제재		
헌장 제47조 정보보호지침 제22조와 제23조 CJEU, C-14/83, *Sabine von Colson and Elisabeth Kamann v. Land Nordrhein-Westfalen*, 10 April 1984 CJEU, C-152/84, *M.H. Marshall v. Southampton and South-West Hampshire Area Health Authority*, 26 February 1986	국가정보보호법의 침해에 대해	ECHR 제13조(CoE회원국에 대해서만) 조약 제108호 제10조 ECtHR, *K.U. v. Finland*, No. 2872/02, 2 December 2008 ECtHR, *Biriuk v. Lithuania*, No. 23373/03, 25 November 2008
EU기관정보보호규칙 제34조와 제49조 CJEU, C-28/08 P, *European Commission v. The Bavarian Lager Co. Ltd*, 29 June 2010	EU기관 및 기구에 의한 EU법 침해에 대해	

일반적인 법규정의 실효성과 개별적인 정보주체의 권리는 그것들을 실행하기 위한 적절한 제도의 존재에 상당히 의존한다. 유럽정보보호법에서, 정보주체는 국가법에 의해 자기정보를 보호하기 위한 권리를 부여받아야 한다. 독립적 감독기관은 또한 정보주체가 그 권리를 행사할 때 지원하고, 개인정보의 처리를 감독하기 위하

여 설립되어야 한다. 추가적으로, 실효적인 권리구제권은 ECHR과 헌장에 의해 보장된 바와 같이, 모든 사람들이 이용할 수 있는 사법적 구제를 요구한다.

5.1. 정보주체의 권리(The rights of data subjects)

요점

- 모든 사람들은 관리자가 자기의 정보를 처리하고 있는지에 대한 정보를 국가법에 의해 관리자에게 요구할 권리를 가진다.
- 정보주체들은 국가법에 의해 다음의 권리를 가진다 :
    - 자기의 정보를 처리하는 관리자로부터 자기의 정보에의 접근권
    - 자기의 정보가 부정확한 경우에, 정보를 처리하고 있는 관리자로부터 그 정보를 정정하게 할 권리(또는 적절한 경우에 차단하게 할 권리)
    - 관리자가 자기의 정보를 불법적으로 처리하고 있는 경우에, 관리자가 그 정보를 삭제 또는 차단하도록 할 권리
- 추가적으로, 정보주체는 다음에 대해 관리자에게 반대할 권리를 가진다.
    - 자동화된 결정(자동적 수단에만 의해 처리된 개인정보를 이용하여 이루어진)
    - 비례적이지 않는 결과를 낳게 되는 정보의 처리
    - 다이렉트마케팅 목적을 위한 정보의 이용

5.1.1. 접근권(Right of access)

EU법에서, 정보보호지침 제12조는 "정보주체와 관련되는 정보가 처리되고 있는지 여부에 대한 확인과, 적어도 처리의 목적, 관련정보의 범주와 그 정보가 공개된 수취인"과 "그 처리가 특히 정보의 불완전성이나 부정확성 때문에 이 지침의 규정을 준수하지 못하는 경우에 정보의 정정, 삭제 또는 차단"을 관리자로부터 얻을 권리를 포함하여, 정보주체의 접근권의 요소를 담고 있다.

CoE법에서, 이들 동일한 권리가 존재하며, 국내법에 의해 규정되어야 한다(조약 제108호 제8조). 몇몇 CoE 권고들에서, '접근'이라는 용어는 사용되고 있으며, 위에서 지적된 것과 동일한 방식으로 국내법에서의 이행을 위해 접근권의 다른 측면이 기술되고 제안된다.

조약 제108호 제9조와 정보보호지침 제13조에 따르면, 정보주체의 접근요구에 응답할 관리자의 의무는 타인의 보다 우월한 법익으로 인해 제한될 수 있다. 우월한 법익에는 정보보호이익보다 큰 사익뿐만 아니라 국가안보, 공공의 안전 및 범죄의 기소와 같은 공익을 포함할 수 있다. 어떠한 적용면제나 제한은 민주사회에서 필요한 것이어야 하며, 추구된 목적에 비례적이어야 한다. 대단히 예외적으로, 예컨대 의료 적용으로 인하여, 정보주체의 보호는 투명성의 제한을 요구할 수 있다. 이것은 특히 모든 정보주체의 접근권의 제한과 관련된다.

정보가 오로지 과학연구를 위하여 또는 통계목적을 위하여서만 처리되는 경우마다, 정보보호지침은 국가법에 의해 접근권이 제한되는 것을 허용한다. 그러나, 적절한 법적 안전장치가 정비되어야 한다. 특히, 특정한 개인에 관한 어떠한 조치나 결정도 그러한 정보처리에서 취하여지지 않는다는 것과, "정보주체의 프라이버시를 침해할 위험이 확실히 없다"[176]는 것이 보장되어야 한다. 동일한 규정들은 조약 제108호 제9조 제3항에도 담겨있다.

자신의 정보에의 접근권(The right of access to one's own data)

CoE법에서, 자신의 정보에의 접근권은 조약 제108호 제8조에 의해 명시적으로 인정되고 있다. ECtHR는 타인에 의해 보유되거나 이용되는 개인정보에 대한 정보접근권이 있으며, 이러한 권리는 사생활을 존중할 필요에서 생겨난다고 되풀이하여 판결하였다.[177] 그러나, *Leander*사건[178]에서, ECtHR는 공공기관에 의해 저장된 개인정보에의 접근권은 일정한 상황에서 제한될 수 있다고 결정하였다.

EU법에서, 자신의 정보에의 접근권은 정보보호지침 제12조와 기본권으로서 헌장 제8조 제2항에서 명시적으로 인정되고 있다.

지침 제12조 제a호는 회원국들은 모든 정보주체에게 그들의 개인정보(personal data)와 정보(information)에의 접근권을 보장하여야 한다고 규정한다. 특히, 모든 정보주체는 자기와 관련되는 정보

176 Data Protection Directive, Art. 13 (2).

177 ECtHR, *Gaskin v. the United Kingdom*, No. 10454/83, 7 July 1989; ECtHR, *Odievre v. France* [GC], No. 42326/98, 13 February 2003; ECtHR, *K.H. and Others v. Slovakia*, No. 32881/04, 28 April 2009; ECtHR, *Godelli v. Italy*, No. 33783/09, 25 September 2012.

178 ECtHR, *Leander v. Sweden*, No. 9248/81, 26 March 1987.

가 처리되고 있는지 여부에 관한 확인과 적어도 다음에 해당하는 정보를 관리자로부터 취득할 권리를 가진다.

- 처리의 목적 ;
- 관련정보의 범주 ;
- 처리 중인 정보 ;
- 정보가 공개된 수취인 또는 수취인의 범주 ;
- 처리 중인 정보의 출처에 관한 이용가능한 정보 ;
- 자동화된 결정의 경우, 정보의 자동적 처리에 포함된 로직.

국가법은 예컨대, 정보처리를 인정하는 법적 근거를 인용하는 등, 관리자가 제공하는 정보를 부가할 수 있다.

사례 : 사람들은 자기의 개인정보에 접근함으로써, 그 정보가 정확한지 여부를 결정할 수 있다. 그러므로, 정보주체는 정보의 내용은 물론, 처리된 정보의 범주에 대해서 정보를 제공받아야 하는 것이 필수적이다. 그리하여, 관리자가 정보주체에게 그 이름, 주소, 생년월일과 관심분야를 처리하고 있다고 단지 말하는 것만으로는 불충분하다. 관리자는 또한 정보주체에게 "이름 : N.N. ; 주소 : 1040 비엔나, 슈바르첸베르그플라츠 11, 오스트리아 ; 생년월일 : 10.10.1974 ; 관심분야(정보주체의 기술에 따르면) : 클래식음악."을 처리하고 있다고 공개하여야 한다. 마지막 항목에는 추가적으로 정보출처에 관한 정보를 포함한다.

처리중인 정보와 그 출처에 관한 이용가능한 정보에 대해 정보주체에의 연락은 알기쉬운 형태로 이루어져야 한다. 즉, 이것은 관리자가 현재 처리중인 것을 보다 상세하게 정보주체에게 설명하여야 한다는 것을 의미한다. 예컨대, 접근요구에 응하여 기술적인 약어나 의학적 용어를 인용하는 것은 설령 그러한 약어나 용어만이 저장되었다고 할지라도 일반적으로 충분하지 않을 것이다.

관리자에 의해 처리된 정보의 출처에 관한 정보는 이 정보가 이용가능한 한 접근요구에 응하여 주어져야 한다. 이 규정은 공정과 책임의 원칙의 측면에서 이해되어야 한다. 관리자는 공개를 하지 않기 위하여 정보의 출처에 관한 정보를 파기 할 수 없고, 또한 그 활동분야의 일반적인 기준과 널리 인정된 문서화의 요청을 무시할 수 없다. 처리된 정보의 출처에 관한 문서를 보관하지 않는 것은 접근권에 의한 관리자의 의무를 이행하지 않는 것이 된다.

자동화된 평가가 수행되는 경우에, 평가의 일반적 판단은 정보주체를 평가할 때 고려된 특별한 기준을 포함하여 설명될 필요가 있을 것이다.

지침은 정보에의 접근권이 과거와 관련을 가지는지 여부, 그리고 만일 관련을 가진다고 한다면 과거의 어느 기간인지에 대해 명확히 하고 있지 않다. 그와 관련하여, CJEU 판례에서 강조된 바와 같이, 정보에의 접근권은 기간제한에 의해 부당하게 제한될 수 없다. 정보주체는 또한 과거의 정보처리작용에 대한 정보를 취득할 합리적인 기회가 부여되어야 한다.

사례 : *Rijkeboer* 사건[179]에서, CJEU는 지침 제12조 제a호에 따라서, 개인정보의 수취인과 연락정보의 내용에 대한 정보에의 개인의 접근권은 접근요구 이전 1년간으로 제한될 수 있는지에 대한 결정을 제청받았다.

재판소는 지침 제12조 제a호가 그러한 기간제한을 허용하고 있는지를 결정하기 위하여, 지침의 목적의 관점에서 동 조항을 해석하기로 결정하였다. 재판소는 먼저 접근권은 정보주체가 자기의 정보를 관리자에게 정정, 삭제 또는 차단하게 하거나(제12조 제b호), 또는 그러한 정정, 삭제 또는 차단에 대한 정보를 공개한 제3자에게 통지할(제12조 제c호) 권리를 행사할 수 있기 위해 필요하다고 말하였다. 접근권은 또한 정보주체에게 자기의 개인정보가 처리되는 것에 대한 반대권(제14조) 또는 손해를 입었을 경우에 소송권(제22조와 제23조)을 행사할 수 있기 위하여 필요하다.

재판소는 위에서 인용된 조항의 효과를 실제적으로 보장하기 위하여, "그 권리는 반드시 과거와 관련되어야 한다. 만일 그렇지 않다면, 정보주체는 불법이거나 부정확한 것으로 추정된 정보를 정정하거나, 삭제하거나 또는 차단하게 하거나, 또는 소송을 제기하여 손해배상을 받을 권리를 효과적으로 행사할 지위에 있지 않게 될 것이다".

---

179 CJEU, C-553/07, *College van burgemeester en wethouders van Rotterdam v. M. E. E. Rijkeboer*, 7 May 2009.

정보의 정정, 삭제 및 차단권(The right to rectification, erasure and blocking of data)

"누구나 특히 그 정보의 정확성과 처리의 적법성을 확인하기 위하여, 처리되고 있는 자기와 관련되는 정보에의 접근권을 행사할 수 있어야 한다."[180] 이들 원칙에 따라서, 정보주체는 자기정보의 처리가 특히 그 정보의 부정확성 또는 불완전성으로 인하여 지침조항을 준수하지 않는다고 생각한다면, 관리자로부터 정보의 정정, 삭제 또는 차단을 얻을 국가법에 의한 권리를 가져야 한다.[181]

사례 : *Cemalettin Canli v. Turkey* 사건[182]에서, ECtHR는 형사소송에서 경찰보고의 부정확성으로 인한 ECHR 제8조의 위반을 인정하였다.

청구인은 불법단체 구성원의 혐의로 두 차례 형사소송에 관련되었으나, 유죄판결을 받지는 않았다. 청구인이 다시 다른 범죄로 체포되어 기소되었을 때, 경찰은 청구인을 두 개의 불법단체의 구성원이라고 표시한 "추가범죄에 대한 정보조서"라는 제목의 보고서를 형사법원에 제출하였다. 청구인은 그 보고서와 경찰기록의 정정을 요구하였지만 인용되지 않았다. ECtHR는 공

180 Data Protection Directive, Recital 41.

181 *Ibid.*, Art. 12 (b).

182 ECtHR, *Cemalettin Canli v. Turkey*, No. 22427/04, 18 November 2008, paras. 33, 42 and 43; ECtHR, *Dalea v. France*, No. 964/07, 2 February 2010.

적 정보가 조직적으로 기관에 의해 보유된 파일에서 수집되고 저장된 경우에 '사생활'의 범위에 속할 수 있기 때문에, 경찰보고서의 정보는 ECHR 제8조의 범위에 있다고 판결하였다. 더구나, 경찰보고서는 부정확하였고, 그것의 작성과 형사법원에의 제출은 법률에 일치하지 않았다. 재판소는 제8조의 위반이 있었다고 결정하였다.

사례 : *Segerstedt-Wiberg and Others v. Sweden* 사건[183]에서, 청구인들은 자유주의 정당과 공산주의 정당에 가입하였다. 그들은 자기들에 관한 정보가 보안경찰기록에 기입된 것이 아닌가 의심하였다. ECtHR는 문제의 정보의 저장은 법적 근거가 있으며, 정당한 목적을 추구하였다고 수긍하였다. 청구인들 중 몇 명에 대해, ECtHR는 정보의 계속된 보유는 그들의 사생활에 대한 비례적이지 않는 간섭이라고 판결하였다. 예컨대, Mr Schmid의 경우에, 기관은 그가 1969년에 데모에서 경찰통제에 대해 폭력적인 저항을 옹호하였다고 추정된다는 정보를 보관하였다. ECtHR는 이러한 정보는 특히 그 역사적 성질을 감안할 때, 적절한 국가안보이익을 추구한다고 할 수 없다고 판결하였다. ECtHR는 다섯 명의 청구인들 중 네 명에 대해 ECHR 제8조의 위반이 있었다고 결정하였다.

183 ECtHR, *Segerstedt-Wiberg and Others v. Sweden*, No. 62332/00, 6 June 2006, paras. 89 and 90; see also, for example: ECtHR, *M.K. v. France*, No. 19522/09, 18 April 2013.

몇몇 경우에, 정보주체는 예컨대, 이름의 철자, 주소나 전화번호의 변경의 정정을 요구하는 것만으로도 충분할 것이다. 그러나, 그러한 요구가 정보주체의 법적 신원 또는 법적 문서의 송달을 위한 정확한 주거지와 같은 법적 쟁점과 연결된다면, 정정요구는 충분할 수 없고, 관리자는 주장된 부정확성의 입증을 요구할 자격이 부여될 수 있다. 이러한 요구로 인하여, 정보주체는 불합리하게 입증부담이 부과되어서는 안되고, 그에 의해 정보주체가 자기 정보를 정정하게 하는 것을 금지하게 되어서도 안된다. ECtHR는 청구인이 비밀장부에 보존된 정보의 정확성을 다툴 수 없는 몇 가지 사건에서 ECHR 제8조의 위반을 인정하였다.[184]

> 사례 : *Ciubotaru v. Moldova* 사건[185]에서, 청구인은 자기의 요구를 입증하지 못했다는 사실로 인하여 공적 등록부에 민족의 등록을 몰도바인에서 루마니아인으로 변경할 수 없었다. ECtHR는 국가가 개인의 민족적 정체성을 등록할 때 객관적인 증거를 요구하는 것은 수용할 수 있다고 판단하였다. 그러한 요구가 순전히 주관적이고 입증되지 않은 근거에 기초할 때에 기관은 이를 거부할 수 있다. 그러나, 청구인의 요구는 자신의 출신민족에 대해 주관적인 인식 이상의 것에 근거하였다. 즉, 청구인은 언어, 이름, 정서 등과 같은 루마니아민족과 객관적으로

184 ECtHR, *Rotaru v. Romania*, No. 28341/95, 4 May 2000.

185 ECtHR, *Ciubotaru v. Moldova*, No. 27138/04, 27 April 2010, paras. 51 and 59.

> 입증가능한 연결고리를 제공할 수 있었다. 그러나, 국내법에 의해, 청구인은 그의 부모가 루마니아민족에 속하였다는 증거를 제시할 것을 요구받았다. 몰도바의 역사적 현실을 감안하면, 그러한 요구는 소비에트기관에 의해 그 부모에 관해 기록된 것 이외에 민족적 정체성을 등록하는 것에 대해 넘을 수 없는 장벽을 만들었다. 국가가 청구인이 객관적으로 입증가능한 증거의 관점에서 그 요구에 대해 심사받는 것을 금지할 때, 청구인에게 사생활존중을 효과적으로 보장할 적극적 의무를 준수하지 못하였다. 재판소는 ECHR 제8조의 위반이 있었다고 결정하였다.

정보가 정확한지 여부를 결정하도록 공적 기관에 민사소송을 제기하는 동안에, 정보주체는 정확성이 다투어지고 있고, 공식적 결정이 계속중이라는 개요를 적은 노트를 데이터파일에 붙일 것을 요구할 수 있다. 이 기간 동안, 정보관리자는 정보를 특히 제3자에게 특정한 또는 최종적인 것으로 제시하여서는 안된다.

정보주체의 정보삭제요구는 정보처리가 적법한 근거를 가지지 않는다는 주장에 근거하는 경우가 종종 있다. 그러한 요구는 동의가 철회되거나 또는 일정한 정보가 더 이상 정보수집의 목적을 완수하기 위하여 필요로 하지 않은 경우에 종종 발생한다. 정보처리가 적법하다는 입증책임은 정보관리자가 처리의 적법성에 책임을 지고 있기 때문에, 그에게 부과될 것이다. 책임의 원칙에 따르면, 관리자는 언제라도 정보처리에 대해 유효한 법적 근거가 있음을 입증할 수 있어야 하고, 그럴 수 없으면 처리는 중지되어야 한다.

정보주체들은 제3자가 이들 처리작용 전에 정보를 수취하였다면, 차단, 정정 또는 삭제에 대해 제3자에 대한 통지를 관리자로부터 취득할 권리를 추가적으로 가진다. 정보의 제3자에의 공개는 관리자에 의해 문서화되었어야 하기 때문에, 정보수취인을 식별하고, 삭제를 청구할 수 있어야 한다. 그러나, 예컨대, 그동안에 인터넷상에서 정보가 공개된다면 정보수취인들을 찾아낼 수 없기 때문에, 모든 경우에 정보를 삭제하게 하는 것이 불가능할 수 있다. 정보보호지침에 따르면, 정보의 정정, 삭제 또는 차단을 위하여 정보수취인들과 연락을 하는 것은 "이것이 불가능하다고 입증되지 않거나 비례적이지 않는 노력을 포함하지 않는다면",[186] 의무적이다.

5.1.2. 반대권(Right to object)

반대권은 자동화된 개별적 결정에 대한 반대권, 정보주체의 특별한 상황으로 인한 반대권과 다이렉트마케팅 목적을 위한 정보의 추가적인 이용에 대한 반대권을 포함한다.

자동화된 개별적 결정에 대한 반대권(The right to object to automated individual decisions)

자동화된 결정은 오로지 자동적 수단에 의해서만 처리된 개인정보를 사용하여 취해진 결정이다. 그러한 결정이 예컨대, 신용, 업무성취, 행동 또는 신뢰성과 관련되기 때문에, 개인의 생활에 상당한

186 Data Protection Directive, Art. 12 (c), last half sentence.

영향력을 가질 것 같다면, 부당한 결과를 회피하기 위하여 특별한 보호가 필요하다. 정보보호지침은 자동화된 결정이 개인에게 중요한 문제를 결정하지 말아야 할 것을 규정하고, 개인은 자동화된 결정을 심사할 권리를 가질 것을 요구한다.[187]

사례 : 자동화된 의사결정의 중요한 실제 사례로서는 신용점수 책정이 있다. 장래 고객의 신용에 대한 빠른 결정을 위하여, 직업 및 가족상황과 같은 일정한 정보가 고객으로부터 수집되고, 신용정보시스템과 같은 다른 출처로부터 이용가능한 주제에 대한 정보와 결합된다. 이들 정보는 잠재적 고객의 신용을 표시하는 총가치를 계산하는 채점알고리즘으로 자동적으로 입력된다. 그리하여, 회사직원은 정보주체가 고객으로 받아들여질 수 있는지 여부를 수 초 내에 결정할 수 있다.

그럼에도 불구하고, 지침에 따르면, 회원국들은 결정이 정보주체에게 유리한 것이었기 때문에 정보주체의 이익이 위태롭게 되지 않거나 또는 다른 적절한 수단에 의하여 보호되는 경우에 사람들은 자동화된 개별적 결정에 구속될 수 있음을 규정하여야 한다.[188] 프로파일링권고[189]에서 볼 수 있는 것처럼, 자동화된 결정에 대한 반대권은 또한 CoE**법**에도 포함되어 있다.

---

187 *Ibid.*, Art. 15 (1).

188 *Ibid.*, Art. 15 (2).

189 Profiling Recommendation, Art. 5 (5).

정보주체의 특별한 상황으로 인한 반대권(The right to object due to the data subject's particular situation)

정보의 처리에 대한 정보주체의 일반적인 반대권은 없다.[190] 그러나, 정보보호지침 제14조 제a호는 정보주체의 특별한 상황과 관련되는 강력한 적법한 근거에 기하여 정보주체에게 반대를 할 권리를 부여한다. 유사한 권리는 CoE 프로파일링권고에서 인정된다.[191] 이러한 규정들은 정보주체의 정보를 처리함에 있어서 정보주체의 정보보호권과 타인들의 적법한 권리 간에 정확한 균형을 찾고자 하는 것을 목적으로 한다.

사례 : 어떤 은행이 대출상환을 연체하는 고객에 관한 정보를 7년간 저장하고 있다. 이 데이터베이스에 그 정보가 저장된 어떤 고객이 대출신청을 한다. 데이터베이스에 조회하여, 금융상황에 대한 평가가 내려지고, 그 고객은 대출이 거부된다. 그러나, 그 고객은 데이터베이스에 개인정보가 기록되는 것을 반대할 수 있고, 상환연체가 그 고객이 그 사실을 알고서 즉시 시정된 단순한 실수의 결과였음을 입증할 수 있다면, 정보의 삭제를 요구할 수 있다.

190 See also ECtHR, *M.S. v. Sweden*, No. 20837/92, 27 August 1997, where medical data were communicated without consent or the possibility to object; or ECtHR, *Leander v. Sweden*, No. 9248/81, 26 March 1987; or ECtHR, *Mosley v. the United Kingdom*, No. 48009/08, 10 May 2011.

191 Profiling Recommendation, Art. 5 (3).

반대가 성공적으로 이루지면, 문제의 정보는 관리자에 의해 더 이상 처리될 수 없다. 그러나, 반대 전에 정보주체의 정보에 대해 수행된 처리작용은 여전히 적법하다.

다이렉트마케팅 목적을 위한 정보의 추가적인 이용에 대한 반대권 (The right to object to further use of data for direct marketing purposes)

정보보호지침 제14조 제b호는 다이렉트마케팅 목적을 위한 정보의 이용에 대한 특별한 반대권을 규정하고 있다. 그러한 권리는 또한 CoE 다이렉트마케팅권고[192]에서도 규정되어 있다. 이러한 유형의 반대는 정보가 다이렉트마케팅을 위하여 제3자에게 이용될 수 있기 전에 제기될 것을 의미한다. 그러므로, 정보가 이전되기 전에 정보주체는 반대할 기회가 주어져야 한다.

5.2. 독립적 감독(Independent supervision)

요점

- 정보보호를 실효적으로 보장하기 위하여, 독립적 감독기관이 국가법에 의해 설치되어야 한다.

---

192 CoE, Committee of Ministers (1985), Recommendation Rec(85)20 to member states on the protection of personal data used for the purposes of direct marketing, 25 October 1985, Art. 4 (1).

- 국가감독기관은 완전히 독립적으로 활동하여야 하며, 이것은 근거법에 의해 보장되어야 하고, 감독기관의 구체적 조직구조에서 반영되어야 한다.
- 감독기관은 특히 다음과 같은 구체적 임무를 가진다.
  - 국가차원에서 정보보호를 감시하고 촉진하는 것 ;
  - 정부와 일반인은 물론, 정보주체와 관리자에게 조언을 하는 것 ;
  - 고충을 청취하며, 정보보호권의 침해를 받은 정보주체를 지원하는 것 ;
  - 관리자와 처리자를 감독하는 것 ;
  - 필요하다면 다음에 의해 개입하는 것
    - 관리자와 처리자에게 경고하고, 지도하며 또는 과태료를 부과하는 것,
    - 정보의 정정, 차단, 삭제를 명령하는 것,
    - 처리에 금지명령을 부과하는 것 ;
  - 사건을 법원에 회부하는 것.

정보보호지침은 정보보호를 실효적으로 보장하기 위한 중요한 제도로서 독립적 감독을 요구하고 있다. 지침은 조약 제108호나 OECD프라이버시가이드라인에서는 원래 나타나지 않은 정보보호의 이행을 위한 수단을 도입하였다.

독립적 감독이 실효적인 정보보호의 발전을 위해 필수적이라고 입증되었음을 고려하여, 2013년에 채택된 새로운 OECD프라이버시

가이드라인 개정판은 회원국들에게 "그 권한을 실효적으로 행사하고 객관적이며 공정하고 일관성있는 근거에 기초한 결정을 내리기 위해, 필요한 관리, 자원 및 기술적 전문성을 가진 프라이버시 집행기관을 설치하여 유지할 것"[193]을 촉구하고 있다.

CoE법에서, 조약 제108호 추가의정서는 감독기관의 설치를 의무화하였다. 이 수단은 제1조에서 체약당사국들이 국내법으로 이행해야 하는 독립적 감독기관의 법제를 포함한다. 그것은 정보보호지침에서 사용된 것과 같은 이들 기관의 임무와 권한을 기술하기 위해 유사한 방식을 사용한다. 그러므로, 감독기관은 원칙적으로 EU법과 CoE법에 의해 동일한 방식으로 기능하여야 한다.

EU법에서, 감독기관의 권한과 조직구조는 최초로 정보보호지침 제28조 제1항에서 그 개요가 규정되었다. EU기관정보보호규칙[194]은 EDPS를 EU기구와 기관들에 의한 정보처리에 대한 감독기관으로 설치하고 있다. 동 규칙은 감독기관의 역할과 책임을 규정할 때, 정보보호지침의 공포 이래 축적된 경험에 의존하고 있다.

정보보호기관의 독립성은 TFEU 제16조 제2항과 헌장 제8조 제3항에 의해 보장되고 있다. 후자의 조항은 특히 독립적 기관에 의한 통제를 정보보호기본권의 필수적 요소로 간주하고 있다. 그밖에도,

---

193 OECD (2013), *Guidelines governing the protection of privacy and transborder flows of personal data*, para. 19 (c).

194 Regulation (EC) No. 45/2001 of the European Parliament and of the Council of 18 December 2000 on the protection of individuals with regard to the processing of personal data by the institutions and bodies of the Community and on the free movement of such data, OJ 2001 L 8, Art. 41-48.

정보보호지침은 회원국들에게 완전한 독립성을 가지고 활동하는, 지침의 적용을 감시하는 감독기관을 설치할 것을 요구하고 있다.[195] 감독기관의 창설의 기초가 되는 법률은 특히 독립성을 보장하는 규정들을 포함할 뿐만 아니라, 기관의 구체적인 조직구조가 독립적임을 입증하여야 한다.

2010년에, CJEU는 최초로 정보보호감독기관의 독립성 요건의 범위의 문제를 다루었다.[196] 다음의 사례가 재판소의 생각을 보여주고 있다.

> 사례 : *European Commission v. Germany* 사건[197]에서, 유럽위원회는 독일이 정보보호를 보장할 책임이 있는 감독기관들의 '완전한 독립성'의 요건을 부정확하게 국내법화하였고, 따라서 정보보호지침 제28조 제1항에 의한 의무를 이행하지 못하였음을 CJEU가 선언할 것을 청구하였다. 유럽위원회의 관점에서는, 독일이 다른 연방주들(란트)의 공적 영역 이외의 개인정보의 처리를 관할하는 기관들을 국가의 감독 아래 두었다는 것이 문제였다.

195 Data Protection Directive, Art. 28 (1), last sentence; Convention 108, Additional Protocol, Art. 1 (3).

196 See FRA (2010), *Fundamental rights: challenges and achievements in 2010*, Annual report 2010, p. 59. The FRA addressed this issue in greater detail in its report on *Data protection in the European Union: the role of National Data Protection Authorities*, which was published in May 2010.

197 CJEU, C-518/07, *European Commission v. Federal Republic of Germany*, 9 March 2010, para. 27.

소송의 본안의 평가는, 재판소에 따르면, 동 조항에서 규정된 독립성의 요건의 범위에 의존하며, 따라서, 그 해석에 달린 것이었다.

재판소는 지침 제28조 제1항의 '완전하게 독립적으로'라는 단어는 동 조항의 실제 문언과 정보보호지침의 목적과 체계에 근거하여 해석되어야 한다고 강조하였다.[198] 재판소는 감독기관들은 지침에서 보장된 개인정보 처리와 관련된 권리의 '수호자'이며, 따라서 회원국들에서의 감독기관의 설치는 "개인정보의 처리와 관련하여 개인의 보호의 필수적인 구성요소"[199]로서 간주된다고 강조하였다. 재판소는 "감독기관은 그 의무를 수행할 때, 객관적이고 공정하게 활동하여야 한다. 그러한 목적을 위하여, 감독기관은 감독받는 기구들의 영향만이 아니라 국가나 주의 직접 또는 간접적인 영향을 포함하여, 어떠한 외부의 영향력으로부터도 자유로워야 한다"[200]고 결정하였다.

CJEU는 또한 '완전한 독립성'의 의미는 EU기관정보보호규칙에서 규정된 바와 같이, EDPS의 독립성의 관점에서 해석되어야 한다고 판결하였다. 재판소가 강조한 바와 같이, 동 규칙 제44조 제2항은 EDPS가 그 임무를 수행할 때, 누구로부터도 지시를 구하거나 받을 수 없다고 부가함으로써 독립성의 개념을 명확히 하고 있다. 이것은 독립적 정보보호감독기관의 국가감독을

198 *Ibid.*, paras. 17 and 29.
199 *Ibid.*, para. 23.
200 *Ibid.*, para. 25.

배제한다.[201]

따라서, CJEU는 공적이 아닌 기구에 의해 개인정보의 처리를 감시할 책임이 있는 연방국가차원의 독일정보보호기관은 국가에 의한 감독을 받기 때문에 충분히 독립적이지 않다고 판결하였다.

사례 : *European Commission v. Austria* 사건[202]에서, CJEU는 오스트리아 정보보호기관(정보보호위원회, DSK)의 구성원들의 지위와 스탭에 관하여 유사한 문제를 강조하였다. 재판소는 동 사건에서 오스트리아 입법부가 오스트리아 정보보호기관이 정보보호지침의 의미내의 완전한 독립성을 가지고 그 직무를 수행하는 것을 방해하였다고 결정하였다. 연방수상관청이 DSK에 그 인력을 공급하며, DSK를 감독하고, 그 업무에 관하여 상시 보고를 받을 권한을 가지고 있기 때문에, 오스트리아 DSK의 독립성은 충분히 보장되지 않았다.

사례 : *European Commission v. Hungary* 사건[203]에서, CJEU는 "각 감독기관이 위임된 임무를 완전히 독립적으로 수행할 수 있음을 보장하는 요건은 관계회원국이 그 기관이 전 임기를 재

201 *Ibid.*, para. 27.

202 CJEU, C-614/10, *European Commission v. Republic of Austria*, 16 October 2012, paras. 59 and 63.

203 CJEU, C-288/12, *European Commission v. Hungary*, 8 April 2014, paras. 50 and 67.

직하는 것을 허용할 의무를 수반한다"고 지적하였다. 재판소는 또한 "헝가리는 개인정보보호 감독기관에 의한 재직기간을 조기에 종결시킴으로써 지침 95/46/EC에 의한 의무를 이행하지 못하였다"고 판결하였다.

감독기관들은 국가법에 의해 다음과 같은 권한과 자격을 갖는다.[204]

- 모든 정보보호문제에 대해 관리자와 정보주체에게 조언하는 것 ;
- 처리작용을 조사하고, 그에 따라 개입하는 것 ;
- 관리자에게 경고하거나 지도하는 것 ;
- 정보의 정정, 차단, 삭제 또는 파기를 명령하는 것 ;
- 처리에 대한 임시적이거나 최종적인 금지명령을 부과하는 것 ;
- 사건을 법원에 회부하는 것.

감독기관은 그 직무를 수행하기 위하여 관리자가 관련정보를 보유하고 있는 근거에의 접근은 물론, 조사에 필요한 모든 개인정보와 정보에의 접근권을 가져야 한다.

소송절차에 관계되는 국내 사법권과 감독기관의 결정의 법적 효

204 Data Protection Directive, Art. 28; see further Convention 108, Additional Protocol, Art. 1.

력 간에는 상당한 차이가 있다. 감독기관의 결정에는 옴부즈만 같은 권고에서부터 즉시 집행가능한 결정에까지 걸쳐 있을 수 있다. 그러므로, 관할권 내에서 이용가능한 권리구제의 실효성을 분석할 때, 구제수단은 그러한 관점에서 판단되어야 한다.

5.3. 권리구제와 제재(Remedies and sanctions)

요점

- 정보보호지침과 조약 제108호에 따르면, 국가법은 정보보호권의 침해에 대해 적절한 권리구제와 제재를 규정하여야 한다.
    - 실효적인 권리구제권은, EU법에 의해, 감독기관을 이용가능한지에 관계없이, 국가법은 정보보호권의 침해에 대해 사법적 구제를 규정할 것을 요구한다.
    - 실효적이고, 동등하며, 비례적이고, 억제적인 제재가 국가법에 의해 규정되어야 한다.
- 사람들은 법원에 가기 전에 먼저 관리자와 접촉하여야 한다. 법원에 소를 제기하기 전에 감독기관을 이용하는 것이 또한 의무적인지 여부는 국가법에 의한 규정에 맡겨져 있다.
- 정보주체는 정보보호법의 위반에 대해 최후의 수단으로 그리고 일정한 조건에서 ECtHR에 청구할 수 있다.
- 그밖에도, 정보주체는 대단히 제한적이기는 하지만, CJEU를 이용할 수 있다.

정보보호법에 의한 권리는 그 권리를 위협받는 사람들에 의해서만 행사될 수 있다. 즉, 이러한 사람은 정보주체이거나 정보주체라고 주장하는 사람일 것이다. 이러한 사람들은 권리 행사에 있어서, 국가법에 의해 필요한 요건을 충족시키는 사람들에 의해 대리될 수 있다. 미성년자들은 부모나 후견인에 의해 대리되어야 한다. 사람들은 또한 그 정당한 목적이 정보보호권을 향상시키는 것인 단체에 의해 감독기관에 대해 대리될 수 있다.

5.3.1. 관리자에의 요구(Requests to the controller)

3.2.에서 언급된 권리들은 먼저 관리자에 대해 행사되어야 한다. 먼저 국가감독기관이나 법원에 직접 제기하는 것은 도움이 되지 않을 것이다. 왜냐하면, 감독기관은 관리자가 먼저 다루어야 한다고 조언할 수 있을 뿐이고, 법원은 청구가 허용될 수 없다고 판결할 것이기 때문이다. 관리자에의 법적으로 관련된 요구의 공식적 요건은 특히 그것이 서면에 의한 요구이어야 하는지 여부는 국가법에 의해 규율되어야 한다.

관리자로서 제기된 자(entity)는 설령 관리자가 아니라고 할지라도 요구에 대응하여야 한다. 어떠한 경우에도, 응답이 요구자에 대해 어떠한 정보도 처리되고 있지 않다고 말하는 것일 뿐이라고 할지라도, 국가법에서 규정된 기한 내에 정보주체에게 응답되어야 한다. 정보보호지침 제12조 제a호와 조약 제108호 제8조 제b호의 규정에 따라서, 그 요구는 '지나치게 지체되지 않게' 처리되어야 한다. 그러므로, 국가법은 단기이지만 관리자가 요구를 적절하게 다룰 수 있는 응답기간을 규정하여야 한다.

요구에 응답하기 전에 관리자로 제기된 자는, 요구자가 실제 주장하는 자가 맞는지를 결정하고 비밀성의 심각한 침해를 회피하기 위하여 요구자의 신원을 확인하여야 한다. 신원확인의 요건이 특별히 국가법에 의해 규율되지 않은 경우에는 관리자가 이를 결정하여야 한다. 그러나, 공정한 처리의 원칙은 관리자가 신원확인(2.1.1.에서 논의된 바와 같이, 요구의 진정성)을 위한 조건을 지나치게 과중하게 규정하지 않을 것을 요구한다.

국가법은 또한 요구에 응답하기 전에 요구자가 지불할 수수료를 부과할 수 있는지 여부의 문제를 다루어야 한다. 지침 제12조 제a호와 조약 제108호 제8조 제b호는 접근요구에의 응답이 '지나친 비용부담 없이' 주어져야 한다고 규정한다. 다수의 유럽국가의 국가법은 정보보호법에 의한 요구는 그 응답에 과도하고 비정상적인 노력이 소요되지 않는 한, 무료로 응답되어야 한다고 규정하고 있다. 그리고, 요구에 대한 응답을 받을 권리의 남용에 대해서 관리자들은 국가법에 의해 보호받는 것이 일반적이다.

관리자로 제기된 사람, 기관 또는 기구가 관리자임을 부정하지 않는다면, 이 자는 국가법이 규정한 기간 내에 다음 사항을 하여야 한다.

- 요구에 응하고, 그 요구가 어떻게 이행되었는지를 요구자에게 통지하거나 ; 또는
- 그 요구가 왜 이행되지 않을 것인지를 요구자에게 알려야 한다.

5.3.2. 감독기관에 제기된 청구(Claims lodged with the supervisory authority)

접근요구를 하였거나 관리자에게 반대를 제기하였던 자가 적시에 만족스러운 답변을 받지 못한 경우에, 이 자는 국가정보보호감독기관에 지원청구를 할 수 있다. 감독기관에 제기된 쟁송절차에서, 청구자가 쟁소제기한 사람, 기관 또는 기구가 실제 그 청구에 응할 의무가 있는지 여부와 그 대응이 정확하고 충분한지 여부를 명확히 하여야 한다. 관계인은 그 청구를 다루는 쟁송의 결과에 대해 감독기관으로부터 통지를 받아야 한다.[205] 국가감독기관에 제기한 쟁송의 결과의 법적 효과는 국가법에 달려있다. 즉, 감독기관의 결정이 법적으로 집행될 수 있고－이것은 공권력에 의해 집행가능하다는 것을 의미한다－, 또는 관리자가 감독기관의 결정(의견, 권고 등)을 따르지 않는 경우에 법원에 제소할 필요가 있는 경우도 있다.

TFEU 제16조에 의해 보장된 정보보호권이 EU기관이나 기구에 의해 침해받은 경우에, 정보주체는 EDPS의 임무와 권한을 규정하고 있는 EU기관정보보호규칙에 따른 독립적 정보보호감독기관인 EDPS에 심판을 청구할 수 있다.[206] 6개월 이내에 EDPS로부터 응답이 없는 경우에, 심판은 기각된 것으로 간주된다.

---

205 Data Protection Directive, Art. 28 (4).

206 Regulation (EC) No. 45/2001 of the European Parliament and of the Council of 18 December 2000 on the protection of individuals with regard to the processing of personal data by the institutions and bodies of the Community and on the free movement of such data, OJ 2001 L 8.

국가감독기관의 결정에 대하여 법원에 소를 제기할 가능성이 있어야 한다. 이것은 감독기관에 제기된 쟁송의 일방 당사자였기 때문에 관리자와 정보주체에게 적용된다.

사례 : 영국 정보보호감독관은 2013년 7월 24일에 허트포드셔 경찰서에 불법으로 간주된 자동차번호판 추적시스템의 사용을 중지할 것을 요구하는 명령을 발하였다. 카메라로 수집된 정보는 지방경찰데이터베이스와 중앙데이터베이스에 저장되었다. 번호판 사진은 2년간 저장되며, 자동차 사진은 90일간 저장되었다. 카메라와 다른 형태의 감시의 광범위한 사용은 그것이 제기하고자 하는 문제에 대해 비례적이 아니라고 결정되었다.

5.3.3. 법원에 제기된 청구(Claim lodged with a court)

정보보호지침에 따르면, 정보보호법에 의해 관리자에게 청구를 한 사람이 관리자의 대응에 만족하지 못한다면, 이 사람은 국가법원에 소를 제기할 자격이 부여되어야 한다.[207]

법원에 제소하기 전에, 먼저 감독기관에 제기하는 것이 의무적인지 여부는 국가법의 규율에 맡겨져 있다. 그러나, 대부분의 경우에, 심판청구는 절차가 복잡하지 않고 무료이어야 하기 때문에, 정보보호권을 행사하는 사람은 감독기관에 먼저 제기하는 것이 유리할 것

207 Data Protection Directive, Art. 22.

이다. 감독기관의 결정(의견, 권고 등)으로 문서화된 전문적 의견은 정보주체가 법원에서 권리를 추구하는데 있어서도 또한 도움이 될 수 있다.

CoE법에서, 어떤 체약당사국이 국가차원에서 수행된 것으로 추정된 ECHR에 대한 정보보호권의 침해가 동시에 ECHR 제8조의 위반을 형성할 때, 모든 이용가능한 국내 구제수단을 거친 후에, 추가적으로 ECtHR에 제소될 수 있다. ECHR 제8조의 위반을 ECtHR에 제소하는 것은 또한 다른 소송요건(admissibility) 기준(ECHR 제34-37조)[208]을 충족하여야 한다.

ECtHR에의 청구는 체약당사국을 상대로 하여서만 제기될 수 있지만, 어떤 체약당사국이 ECHR에 의한 적극적인 의무를 수행하지 않고, 그 국가법에서 정보보호권의 침해에 대해 보호를 충분히 제공하고 있지 않다면, 사적 당사자들의 행위나 부작위도 또한 간접적으로 다룰 수 있다.

사례 : *K.U. v. Finland* 사건[209]에서, 미성년자인 청구인은 인터넷웹사이트에서 자기에 관한 성적 광고가 게재되었다고 청구하였다. 그 정보를 게재한 사람의 신원은 핀란드법에 의한 비밀유지의무 때문에 서비스제공자에 의해 드러나지 않았다. 청구인은

---

208 ECHR, Art. 34-37, available at: www.echr.coe.int/Pages/home.aspx?p=caselaw/analysis&c=#n1347458601286_pointer.

209 ECtHR, *K.U. v. Finland*, No. 2872/02, 2 December 2008.

핀란드법이 청구인에 대해 죄가 될 수 있는 정보를 인터넷에 게시하는 사인의 그러한 행위에 대해 보호를 충분히 제공하지 않았다고 주장하였다. ECtHR는, 국가는 개인의 사생활에 대한 자의적인 관여의 자제가 강제될 뿐만 아니라, "개인들의 관계의 측면에서도 사생활의 존중을 확보하도록 예정된 조치의 채택"을 포함하는 적극적 의무에 복종하여야 할 수 있다고 판결하였다. 청구인을 실제적이고 효과적으로 보호하기 위하여서는, 가해자를 식별하고 기소하기 위한 실효적인 조치가 취해질 것이 요구된다. 그러나, 그러한 보호는 국가에 의해 제공되지 않았으며, 재판소는 ECHR 제8조의 위반이 있었다고 결정하였다.

사례 : *Köpke v. Germany* 사건[210]에서, 청구인은 직장에서 절도혐의를 받아서, 비디오감시를 은밀히 받게 되었다. ECtHR는 "국내기관들이 그 재량의 여지 내에서 제8조에 의한 청구인의 사생활 존중권과 고용주의 재산권 보호의 이익 및 적정한 *사법행정*에서의 공익 간에 공정한 형량을 하지 않았다는 것을 나타내는 것은 아무 것도 없다"고 결정하였다. 그러므로, 그 청구는 허용될 수 없다고 선언되었다.

ECHR에 의해 보호받는 권리를 국가당사자가 침해하였다고 ECtHR가 인정한다면, 국가당사자는 ECtHR의 판결을 이행할 의무가 있다. 이행조치는 먼저 침해를 종결시키고, 가능한 한 청구인에

210 ECtHR, *Köpke v. Germany* (dec.), No. 420/07, 5 October 2010.

부정적인 결과를 구제하여야 한다. 판결의 이행은 또한 입법, 판례 또는 다른 조치의 변경을 통하여서든 재판소가 인정한 것과 유사한 침해를 방지할 일반적 조치를 요구할 수 있다.

ECtHR가 ECHR의 위반을 인정하는 경우에, ECHR 제41조는 국가당사자의 비용으로 청구인에게 정당한 만족을 줄 것을 규정하고 있다.

EU법[211]에서, EU정보보호법을 이행하는 국가정보보호법 위반의 희생자들은 몇몇 경우에 CJEU에 소를 제기할 수 있다. 정보보호권이 침해되었다고 하는 정보주체의 청구가 CJEU에 어떻게 제소될 수 있는지에 대해 두 개의 시나리오가 가능하다.

첫 번째 시나리오는 정보주체가 그의 정보보호권을 침해하는 EU의 행정적 또는 규제적 행위의 직접적 희생자여야 한다는 것이다. TFEU 제263조 제4항에 따르면,

> *"자연인이나 법인은 그 사람에게 행해진 행위 또는 그에게 직접적이고 개별적인 관련이 있는 행위에 대해, 그리고 그에게 직접적인 관련이 있고 별도의 집행조치를 필요로 하지 않는 규제적 행위에 대해 소를 제기할 수 있다."*

211 EU (2007), Treaty of Lisbon amending the Treaty on European Union and the Treaty establishing the European Community, signed at Lisbon, 13 December 2007, OJ 2007 C 306. See also the consolidated versions of the Treaty on European Union, OJ 2012 C 326 and of the TFEU, OJ 2012 C 326.

그리하여, EU기관에 의한 정보의 불법적인 처리의 피해자들은 EU기관정보보호규칙의 사항들에 대해 판결을 내릴 권한을 가진 기구인 CJEU의 일반재판소에 직접 소를 제기할 수 있다. CJEU에 직접 청구할 수 있는 자격은 또한 법적 지위가 EU법조항에 의해 직접적으로 영향을 받는 경우에 존재한다.

두 번째 시나리오는 TFEU 제267조에 따라서 선결적 판결을 내릴 수 있는 CJEU(Court of Justice)의 권한과 관련한다.

정보주체는 국내소송 중에 EU조약의 해석과 EU의 기관, 기구, 사무소 또는 행정청의 법령의 해석과 효력에 대하여 사법재판소가 명확히 하여줄 것을 청구하도록 국가법원에 제청할 수 있다. 이러한 명확화는 선결적 판결로 알려져 있다. 이것은 원고를 위한 직접적 구제수단은 아니지만, 국가법원이 EU법의 정확한 해석의 적용을 보장할 수 있게 한다.

국가법원에 제기한 소송의 일방 당사자가 문제의 CJEU에의 제청을 청구한다면, 그 결정에 대해 더 이상 아무런 사법적 구제수단이 없으며, 최종심으로서 기능하는 국가법원만이 이를 준수할 의무가 있다.

사례 : *Kärntner Landesregierung and Others* 사건[212]에서, 오스트리아 헌법재판소는 헌장 제7조, 제9조와 제11조의 관점에서

212 CJEU, Joined cases C-293/12 and C-594/12, *Digital Rights Ireland and Seitling and Others*, 8 April 2014.

지침 2006/24/EC(정보보유지침) 제3조-제9조의 효력과 정보보유지침을 국내법화한 오스트리아 연방전기통신법이 정보보호지침과 EU기관정보보호규칙의 여러 측면에서 양립불가능한 것인지 여부에 대해 CJEU에 몇 가지 질문사항을 제청하였다.

헌법재판소의 소송에서의 청구인들 중의 한 명인 Mr Seitlinger는 업무목적과 사생활에서 전화, 인터넷과 email을 사용한다고 주장하였다. 따라서, 그가 보내고 받는 정보는 공공전기통신망을 통과한다. 2003년의 오스트리아 전기통신법에 의하여, 전기통신사업자는 그의 망 사용에 관한 정보를 수집하고 저장할 것이 법적으로 요구된다. Mr Seitlinger는 네트워크에서 정보를 A로부터 B에 보내는 기술적 목적을 위하여, 그의 개인정보의 수집과 저장이 결코 필요하지 않다는 것을 알았다. 또한, 이들 정보의 수집과 저장은 사실 요금청구목적을 위해서도 아주 간접적이라도 결코 필요하지 않았다. Mr Seitlinger는 확실히 자기 개인정보의 이러한 이용에 동의하지 않았다. 이들 모든 초과적인 정보의 수집과 저장의 유일한 이유는 2003년 오스트리아 전기통신법이었다.

그러므로, Mr Seitlinger는 그의 전기통신사업자에 대한 제정법상의 의무가 EU헌장 제8조에 의한 기본권을 침해하고 있다고 주장하는 소송을 오스트리아 헌법재판소에 제기하였다.

CJEU는 제청된 선결적 판결 청구의 구성요소에 대해서만 결정을 내린다. 국가법원이 여전히 원래의 사건을 판결할 권한이 있다.

원칙에 따라, 사법재판소는 제청된 질문에 답변하여야 한다. 사법재판소는 이러한 답변이 원래 사건에 관해 관련성이 없거나 기간을 준수하지 않았다는 이유로 선결적 판결을 내리기를 거부할 수 없다. 그러나, 그 질문사항이 사법재판소의 관할범위에 속하지 않는다면 거부할 수 있다.

마지막으로, TFEU 제16조에 의해 보장되는 정보보호권이 개인정보를 처리하는 도중에 EU기관이나 기구에 의해 침해된 것으로 주장된다면, 정보주체는 CJEU의 일반재판소에 소송을 제기할 수 있다(EU기관정보보호규칙 제32조 제1항, 제4항).

CJEU의 일반재판소가 EU기관정보보호규칙의 사항들에 대해 판결을 내릴 권한이 있지만, 그러나, EU기관이나 기구의 직원이 권리구제를 청구한다면, 이 사람은 EU직원심판소(EU Civil Service Tribunal)에 청구하여야 한다.

> 사례 : *The European Commission v. The Bavarian Lager Co. Ltd* 사건[213]은 정보보호와 관련된 EU기관과 기구들의 활동이나 결정에 대하여 이용가능한 권리구제수단을 잘 설명해 주고 있다.

213 CJEU, C-28/08 P, *European Commission v. The Bavarian Lager Co. Ltd*, 29 June 2010.

Bavarian Lager는 유럽위원회가 보유하고 있으며, 회사와 관련된 법적 문제와 관계된다고 주장되는 회의의 전 의사록에의 접근을 유럽위원회에 요구하였다. 위원회는 보다 우월한 정보보호이익을 이유로 그 회사의 접근요구를 거부하였다.[214] 이 결정에 대해, Bavarian Lager는 EU기관정보보호규칙을 적용하여, CJEU, 보다 정확하게는 제1심재판소(일반재판소의 전신)에 소송을 제기하였다. T-194/04, *Bavarian Lager v. Commission*사건의 결정에서, 제1심재판소는 접근요구를 거부한 위원회의 결정을 취소하였다. 유럽위원회는 이 판결에 대해 CJEU의 사법재판소에 상소하였다. 사법재판소는 제1심재판소의 판결을 파기하는 판결(대배심에서)을 내리고, 유럽위원회의 접근요구의 거부를 확정하였다.

5.3.4. 제재(Sanctions)

CoE**법**에서, 조약 제108호 제10조는 동 조약에서 규정된 정보보호의 기본원칙을 시행하는 국내법조항의 위반에 대해 적절한 제재와 권리구제수단이 각 당사국에 의해 설정되어야 한다고 규정한다.[215] EU**법**에서, 정보보호지침 제24조는 회원국들이 "본 지침의

---

214 For an analysis of the argument, see: EDPS (2011), *Public access to documents containing personal data after the Bavarian Lager ruling*, Brussels, EDPS, available at: www.secure.edps.europa.eu/EDPSWEB/webdav/site/mySite/shared/Documents/EDPS/Publications/Papers/BackgroundP/11-03-24_Bavarian_Lager_EN.pdf.

215 ECtHR, *I. v. Finland*, No. 20511/03, 17 July 2008; ECtHR, *K.U. v. Finland*,

조항들의 완전한 이행을 보장할 적절한 조치들을 채택하고, 특히 채택된 조항들의 위반의 경우에 부과되는 제재를 규정하여야 한다" 고 규정하고 있다.

양 법규는 적절한 제재와 권리구제수단을 선택함에 있어서 폭넓은 재량의 여지를 회원국들에게 부여한다. 법규는 적절한 제재의 성질이나 유형에 대한 특별한 안내를 제공하지 않으며, 또한 제재의 실례를 보여주지도 않는다.

그러나 :

> *"EU회원국들은 TEU 제4조 제3항에서 규정된 충실한 협력의 원칙에 의하여, 개인들이 EU법에서 도출하는 권리들을 보장하기 위해 어떠한 조치가 가장 적절한지를 결정할 때 재량의 여지를 향유하지만, 실효성, 동등성, 비례성과 억제성의 최소요건은 존중되어야 한다."*[216]

CJEU는 국가법이 제재를 결정함에 있어서 완전히 자유롭지는 않다고 거듭해서 주장하였다.

No. 2872/02, 2 December 2008.

216 FRA (2012), *Opinion of the European Union Agency for Fundamental Rights on the proposed data protection reform package*, 2/2012, Vienna, 1 October 2012, p. 27.

> 사례 : *Von Colson and Kamann v. Land Nordrhein-Westfalen* 사건[217]에서, CJEU는 지침이 적용되는 모든 회원국들은 지침이 추구하는 목적에 따라서, 지침이 완전히 효력을 가지는 것을 보장하는 모든 필요한 수단을 그 국가법제도에서 채택할 의무가 있다고 지적하였다. 재판소는 지침이 이행되는 것을 보장하는 방식과 수단을 선택하는 것은 회원국들에게 맡겨져 있지만, 그 자유는 그들에게 부과된 의무에 영향을 미치지 않는다고 판결하였다. 특히, 실효적인 법적 구제수단은 개인이 문제의 권리를 완전히 실체적으로 추구하고 실행할 수 있게 하여야 한다. 그러한 보호를 진정으로 실효적으로 달성하기 위하여, 법적 권리구제수단은 제지효과를 가진 제재를 가져오는 형사적 그리고/또는 보상적 절차를 개시하여야 한다.

EU기관이나 기구에 의한 EU법의 침해에 대한 제재에 관하여, 제재는 EU기관정보보호규칙의 특별한 권한으로 인하여 징계처분의 형태로서만 상정된다. 규칙 제49조에 따라서, "직원이 고의이든 과실이든 본 규칙에 따른 의무를 준수하지 않으면, 징계처분을 받게 될 것이다".

217 CJEU, C-14/83, *Sabine von Kolson and Elisabeth Kamann v. Land Nordrhein-Westfalen*, 10 April 1984.

제6장
국경을 넘는 정보유통

EU	관련쟁점	CoE
국경을 넘는 정보유통		
정보보호지침 제25조 제1항 CJEU, C-101/01, *Bodil Lindqvist*, 6 November 2003	정의	조약 제108호 추가의정서 제2조 제1항
정보의 자유로운 유통		
정보보호지침 제1조 제2항	EU회원국 간	
	조약 제108호 체약당사국 간	조약 제108호 제12조 제2항
정보보호지침 제25조	적정한 정보보호수준을 가진 제3국에로	조약 제108호 추가의정서 제2조 제1항
정보보호지침 제26조 제1항	특별한 경우에 제3국에로	조약 제108호 추가의정서 제2조 제2항 제a호
정보의 제3국에로의 제한적 유통		
정보보호지침 제26조 제2항 정보보호지침 제26조 제4항	계약조항	조약 제108호 추가의정서 제2조 제2항 제b호 계약조항 준비 가이드
정보보호지침 제26조 제2항	구속적 기업규칙	
사례들 : EU-US PNR협약 EU-US SWIFT협약	특별한 국제협약	

정보보호지침은 회원국들 간의 정보의 자유로운 유통을 규정할 뿐만 아니라, EU 역외의 제3국에로의 개인정보의 이전요건에 관한 규정도 포함하고 있다. CoE도 또한 제3국에로 국경을 넘는 정보유통을 위한 규칙 이행의 중요성을 인식하고, 2001년에 조약 제108호 추가의정서를 채택하였다. 동 의정서는 체약당사국들과 EU회원국들로부터 국경을 넘는 정보유통에 대해 주된 규제제도를 이어받았다.

6.1. 국경을 넘는 정보유통의 성질 (Nature of transborder data flows)

요점

- 국경을 넘는 정보유통은 외국재판권의 적용을 받는 수취인에 대한 개인정보의 이전이다.

조약 제108호 추가의정서 제2조 제1항은 국경을 넘는 정보유통을 외국재판권의 적용을 받는 수취인에 대한 개인정보의 이전으로 기술하고 있다. 정보보호지침 제25조 제1항은 "처리중이거나 이전 후 처리예정인 개인정보의 제3국에로의 이전"을 규율한다. 그러한 정보이전은 조약 제108호 추가의정서 제2조와, 그리고 EU회원국들의 경우에는 추가적으로 정보보호지침 제25조와 제26조의 규정들에 따라서만 허용된다.

사례 : *Bodil Lindqvist* 사건[218]에서, CJEU는 "인터넷페이지에 여러 사람들에 대해 언급을 하며, 이름이나 다른 수단, 예컨대 전화번호나 근무상황과 취미에 관한 정보를 제공함으로써 그들을 식별하게 하는 행위는 지침 95/46 제3조 제1항의 의미에서의 '전적으로 또는 부분적으로 자동적 수단에 의한 개인정보의 처리'를 형성한다"고 판결하였다.

그런 후, 재판소는 지침은 또한 회원국들이 개인정보의 제3국에로의 이전을 감시하는 것을 허용하고자 한 특별한 규제들을 규정하고 있다고 지적하였다.

그러나, 첫째로, 지침이 제정된 당시의 인터넷의 발달상태와, 둘째로, 인터넷의 사용에 적용가능한 기준이 지침에서는 결여되었다는 점을 감안할 때, "정보가 그에 접근할 기술적 수단으로 제3국의 사람들에게 접근가능하게 되었다 할지라도, 공동체 입법부가 '[정보의] 제3국에로의 이전'이라는 표현이 정보를 인터넷페이지에 게시하는 것을 포함하고자 하는 것이라고는 생각할 수 없다."

그와 달리, 만일 지침이 "그 개인정보가 인터넷페이지에 게시될 때마다 정보의 제3국에로의 이전이 있다는 것을 의미한다고 해석된다면, 그 이전은 인터넷의 접근에 요구된 기술적 수단이 있는 경우에 반드시 모든 제3국에로의 이전이 될 것이다. 그리하

218 CJEU, C-101/01, *Bodil Lindqvist*, 6 November 2003, paras. 27, 68 and 69.

> 여, [지침에 의해] 규정된 특별한 제도는 반드시 인터넷상에서의 활동에 대하여 일반적으로 적용되는 제도가 될 것이다. 그래서, 유럽위원회가 하나의 제3국이라도 적절한 보호를 보장하고 있지 않다고 인정한다면, 회원국들은 개인정보를 인터넷상에 게시하는 것을 금지할 의무를 지게 될 것이다."

(개인)정보의 단순한 공표가 국경을 넘는 정보유통으로 간주되어서는 안된다는 원칙이 또한 온라인 공적 장부나 또는 (전자)신문과 텔레비전과 같은 매스미디어에도 적용된다. 특정한 수취인을 대상으로 하는 커뮤니케이션만이 '국경을 넘는 정보유통' 개념에 해당할 수 있다.

6.2. 회원국 또는 체약당사국 간의 자유로운 정보유통 (Free data flows between Member States or between Contracting Parties)

요점

- 유럽경제지역의 다른 회원국이나 조약 제108호의 다른 체약당사국에로의 개인정보의 이전은 제약이 없어야 한다.

조약 제108호 제12조 제2항에 따라서, CoE법에 의하여 체약당사국 간에 개인정보가 자유롭게 유통되어야 한다. 국내법은 다음의 경우가 아니면 체약당사국에 개인정보를 보내는 것을 제약할 수 없다.

- 정보의 특별한 성질이 그렇게 요구하거나[219] ;
- 제3자에로의 국경을 넘는 정보유통에 관한 국내법규정의 우회를 회피하기 위하여 제한이 필요한 경우.[220]

EU법에 의하여, 정보보호를 이유로 하는 회원국들 간의 정보의 자유로운 유통에 대한 제한이나 금지는 정보보호지침 제1조 제2항에 의해 금지되어 있다. 정보유통지역은 아이슬란드, 리히텐슈타인과 노르웨이를 역내시장으로 하는 유럽경제지역(EEA)[221]에 관한 협정에 의해 확장되었다.

사례 : 몇 개의 EU회원국들, 그 중에서도 슬로베니아와 프랑스에 설립된 국제적 그룹회사의 한 계열사가 슬로베니아에서 프랑스로 개인정보를 이전한다면, 그러한 정보유통은 슬로베니아 국가법에 의해 제한되거나 금지되어서는 안된다.

그러나, 만일 동일한 슬로베니아 계열사가 동일한 개인정보를

219 Convention 108, Art. 12 (3) (a).

220 *Ibid.*, Art. 12 (3) (b).

221 Decision of the Council and the Commission of 13 December 1993 on the conclusion of the Agreement on the European Economic Area between the European Communities, their Member States and the Republic of Austria, the Republic of Finland, the Republic of Iceland, the Principality of Liechtenstein, the Kingdom of Norway, the Kingdom of Sweden and the Swiss Confederation, OJ 1994 L 1.

미국의 모회사로 이전하고자 한다면, 슬로베니아의 정보전송자는 그 모회사가 정보보호의 적정한 수준의 제공에 관한 자발적 행동강령인 세이프하버 프라이버시원칙(6.3.1. 참조)에 가입하지 않았다고 한다면, 적정한 정보보호를 하지 않는 제3국에로의 국경을 넘는 정보유통을 위하여서는 슬로베니아법에서 규정된 절차를 거쳐야 한다.

그러나, 범죄수사와 같은 역내시장의 범위 밖의 목적을 위하여 EEA 회원국들에의 국경을 넘는 정보유통은 정보보호지침 규정의 적용을 받지 않으며, 따라서, 정보의 자유로운 유통의 원칙을 적용받지 않는다. CoE법에 관하여, 체약당사국들은 적용면제규정을 만들 수 있지만, 모든 지역은 조약 제108호와 조약 제108호 추가의정서의 범위 내에 포함된다. EEA 모든 회원국들은 또한 조약 제108호의 당사국들이기도 한다.

6.3. 제3국에로의 자유로운 정보유통 (Free data flows to third countries)

요점

- 개인정보의 제3국에로의 이전은 다음과 같은 경우에 국가정보보호법에 의한 제약으로부터 자유로워야 한다.
    - 수취인에게서 정보보호의 적정성에 대한 확신을 얻은 경우이거나 ; 또는

- 그것이 정보주체의 특정한 이익 또는 타인들의 정당하고 우월적인 이익, 특히 중요한 공익에서 필요한 경우.

- 제3국에서의 정보보호의 적정성은 정보보호의 주요원칙들이 이 국가의 국가법에서 실효적으로 실행되고 있다는 것을 의미한다.
- EU법에 의하여, 제3국에서의 정보보호의 적정성은 유럽위원회에 의해 평가된다. CoE법에서는, 적정성을 어떻게 평가하는가를 규율하는 것은 국내법에 맡겨져 있다.

6.3.1. 적정한 보호를 이유로 한 자유로운 정보유통(Free data flow because of adequate protection)

CoE법은 수취하는 국가나 단체가 예정된 정보의 이전에 대해 적정한 보호수준을 보장한다면, 국내법이 비체약국가들에로의 정보의 자유로운 유통을 고려할 것을 허용한다.[222] 국내법은 외국의 정보보호 수준을 평가하는 방법과 그것을 누가 평가해야 하는지에 대해서 결정한다.

EU법에서, 적정한 정보보호 수준을 가진 제3국에로의 정보의 자유로운 유통은 정보보호지침 제25조 제1항에서 규정되고 있다. 동등성 보다는 적정성의 요건이 정보보호를 이행하는 다른 방법을 존중하게 할 수 있다. 지침 제25조 제6항에 따라서, 유럽위원회는 적정성 결정을 통하여 외국의 정보보호수준을 평가할 권한이 있으며,

222 Convention 108, Additional Protocol, Art. 2 (1).

평가에 관하여 제25조와 제26조의 해석에 실질적으로 기여해온 제29조작업반과 협의를 한다.[223]

유럽위원회에 의한 적정성 결정은 구속력을 가진다. 유럽위원회가 유럽연합공보에 특정 국가에 대해 적정성 결정을 공표하면, EEA의 모든 회원국들과 그 기관들은 그 결정에 따라야 하며, 이것은 국가기관들의 체크나 허가절차 없이 정보가 이 국가로 유통될 수 있다는 것을 의미한다.[224]

유럽위원회는 또한 국가의 법제도의 일부를 평가하거나 단일 주제로 제한할 수도 있다. 위원회는 적정성 결정을 예컨대, 캐나다의 상사법에 관해서만 하였다.[225] 또한 EU와 외국 간의 협정에 근거한 이전에 대한 몇 건의 적정성 결정이 있다. 이들 결정은 항공기가 EU에서 특정 해외 목적지로 비행할 때, 항공사가 탑승객정보를 외

---

223 See, for example, Article 29 Working Party (2003), *Working document on transfers of personal data to third countries: applying Article 26 (2) of the EU Data Protection Directive to binding corporate rules for international data transfers*, WP 74, Brussels, 3 June 2003; and Article 29 Working Party (2005), *Working document on a common interpretation of Article 26 (1) of Directive 95/46/EC of 24 October 1995*, WP 114, Brussels, 25 November 2005.

224 For a continually updated list of countries that have received a finding of adequacy, see the homepage of the European Commission, Directorate-General for Justice, available at: http://ec.europa.eu/justice/data-protection/document/international-transfers/adequacy/index_en.htm.

225 European Commission (2002), Decision 2002/2/EC of 20 December 2001 pursuant to Directive 95/46/EC of the European Parliament and of the Council on the adequate protection of personal data provided by the Canadian Personal Information Protection and Electronic Documents Act, OJ 2002 L 2.

국 출입국관리기관에 이전하는 것(6.4.3. 참조)과 같이, 정보이전의 단일 유형에만 관련된다. EU와 제3국간의 특별협정에 근거한 정보 이전의 최근 관행은, 그러한 협정 자체가 적정한 보호수준을 보증하는 것으로 추정하기 때문에 적정성 결정의 필요는 없어지게 된 것이 일반적이다.[226]

사실 가장 중요한 적정성 결정 중의 하나는 법조항들과 관계되지 않는다.[227] 오히려, 그것은 세이프하버 프라이버시원칙이라고 알려진 행동강령과 같은 규칙과 관계가 있다. 이 원칙들은 미국 회사들을 위하여 EU와 미국 간에 만들어진 것이다. 세이프하버 회원자격은 미국상무부 앞에서 선언된 자발적 준수에 의해 획득되며, 상무부에 의해 공표된 명단에 문서화된다. 적정성의 중요한 요소들 중의 하나는 정보보호 이행의 실효성이기 때문에, 세이프하버협정은 또한 일정한 정도의 국가감독을 규정한다.

226 For instance, the Agreement between the United States of America and the European Union on the use and transfer of Passenger Name Records to the United States Department of Homeland Security (OJ 2012 L 215, pp. 5-14) or the Agreement between the European Union and the United States of America on the processing and transfer of Financial Messaging Data from the European Union to the United States for purposes of the Terrorist Finance Tracking Program, OJ 2010 L 8, pp. 11-16.

227 European Commission (2000), Commission Decision 2000/520/EC of 26 July 2000 pursuant to Directive 95/46/EC of the European Parliament and of the Council on the adequacy of the protection provided by the safe harbour privacy principles and related frequently asked questions issued by the US Department of Commerce, OJ 2000 L 215.

6.3.2. 특정한 경우의 자유로운 정보유통(Free data flow in specific cases)

CoE**법**에서, 조약 제108호 추가의정서 제2조 제2항은 그 이전이 국내법에서 규정되어 있고, 다음을 위하여 필요하는 한, 적정한 정보보호가 없는 경우에도 제3국에로의 개인정보의 이전을 고려한다.

- 정보주체의 특정한 이익 ; 또는
- 타인의 정당하고 우월적인 이익, 특히 중요한 공익.

EU**법**에서, 정보보호지침 제26조 제1항은 조약 제108호 추가의정서의 규정과 유사한 조항을 포함한다.

지침에 의하여, 정보주체의 이익은 다음의 경우에 정보의 제3국에로의 자유로운 유통을 정당화할 수 있다.

- 정보의 외국에로의 이전에 대한 정보주체의 애매모호하지 않은 동의가 주어진 경우 ; 또는
- 정보주체가 외국의 수취인에게 정보가 이전될 것을 명백히 요구하는 계약적 관계를 체결-또는 체결을 준비-하는 경우 ; 또는
- 정보관리자와 제3자 간의 계약이 정보주체의 이익을 위해 체결된 경우 ; 또는
- 정보주체의 중대한 이익을 보호하기 위하여 이전이 필요한 경우.

- 공적 장부로부터 정보의 이전을 위한 경우 ; 이것은 일반인이 공적 장부에 저장된 정보에 접근할 수 있는 우월한 이익의 한 사례이다.

타인의 정당한 이익이 정보의 국경을 넘는 자유로운 유통을 정당화할 수 있다.[228]

- 정보보호지침에 의해 적용되지 않기 때문에 국가 또는 공공의 안전을 제외한 중요한 공익에 의한 경우 ; 또는

- 법적 청구권을 설정하고, 행사하거나 또는 방어하기 위한 경우.

위에서 언급된 경우들은 다른 국가에로의 금지되지 않은 정보이전은 수취인 국가의 적정한 보호수준을 요구한다고 하는 규칙의 적용면제로 이해되어야 한다. 적용면제는 항상 제한적으로 해석되어야 한다. 이것은 특히 동의가 정보이전의 근거로 추정되는 경우에, 정보보호지침 제26조 제1항과 관련하여 제29조작업반에 의하여 거듭하여 강조되었다.[229] 제29조작업반은 동의의 법적 의미에 관한 일반적 규칙은 또한 지침 제26조 제1항에 적용된다고 결정하였다. 예컨대, 노동관계에서, 고용인이 한 동의는 실제로 자유로운 동의였는지가 불명확하다면, 정보이전은 지침 제26조 제1항 제a호에 근거할 수 없다. 그러한 경우에는, 국가정보보호기관이 정보이전에 대해 허가할 것을 요구하는 제26조 제2항이 적용될 것이다.

---

228 Data Protection Directive, Art. 26 (1) (d).

229 See especially Article 29 Working Party (2005), *Working document on a common interpretation of Article 26 (1) of Directive 95/46/EC of 24 October 1995*, WP 114, Brussels, 25 November 2005.

6.4. 제3국에로의 제한된 정보유통 (Restricted data flows to third countries)

요점

- 관리자는 적정한 정보보호수준이 보장되지 않는 제3국에로 정보를 이전하기 전에, 예정된 정보유통에는 감독기관에 의한 심사를 받도록 요구될 수 있다.
- 정보를 외국에로 이전하고자 하는 관리자는 이 심사 중에 다음의 두 가지 쟁점을 입증하여야 한다.
  - 수취인에의 정보이전을 위한 법적 근거가 존재한다는 점 ; 그리고
  - 수취인에게 적정한 정보보호를 보장하기 위한 수단이 정비되어 있다는 점.
- 수취인에게 적정한 정보보호를 확립하기 위한 수단에는 다음이 포함될 수 있다.
  - 정보를 이전하는 관리자와 외국의 정보수취인 간의 계약약관 ; 또는
  - 다국적 그룹회사 내에서의 정보이전에 일반적으로 적용가능한 구속적 기업규칙.
- 외국기관에의 정보이전은 또한 특별한 국제협정에 의해 규율될 수 있다.

정보보호지침과 조약 제108호 추가의정서는 관리자가 수취인에게 적정한 정보보호 안전장치를 보장하는 특별한 약정을 한 경우와

관리자가 이것을 관할기관에 입증할 수 있는 경우에, 국내법이 적정한 정보보호수준을 보장하지 않는 제3국에로의 국경을 넘는 정보유통을 위한 제도를 수립할 것을 허용하고 있다. 이 요건은 조약 제108호 추가의정서에서만 명시적으로 언급되어 있다. 그러나, 이것은 또한 정보보호지침에 의해서도 표준절차로 간주된다.

6.4.1. 계약조항(Contractual clauses)

CoE**법**과 EU**법**은 모두 수취인에게 정보보호수준을 충분히 보장하는 수단으로서 정보를 외국에로 이전하는 관리자와 제3국의 수취인 간의 계약조항을 언급하고 있다.

EU**차원**에서, 제29조작업반의 지원을 받은 유럽위원회는 적정한 정보보호의 증표로서 유럽위원회가 공식적으로 인증한 표준계약조항을 발전시켰다.[230] 위원회결정은 회원국들에서 완전히 구속력을 갖기 때문에, 국경을 넘는 정보유통을 감독할 책임이 있는 국가기관들은 그들의 절차에서 이들 표준계약조항을 인정하여야 한다.[231] 그리하여, 정보를 외국으로 이전하는 관리자와 제3국 수취인이 이들 조항을 합의하고 서명하면, 관리자는 감독기관에게 적정한 안전장치가 갖추어졌다는 충분한 증거를 제공하여야 한다.

EU법제도에서 표준계약조항의 존재는 관리자가 다른 임시적 계약조항을 규정하는 것을 금지시키는 것은 아니다. 그러나, 그 계약

230 Data Protection Directive, Art. 26 (4).

231 TFEU, Art. 288.

조항들은 표준계약조항이 규정하는 것과 동일한 보호수준을 제시하여야 한다. 표준계약조항의 가장 중요한 특징은 다음과 같다.

- 정보주체들이 계약당사자가 아니라 할지라도, 정보주체들이 계약권을 행사할 수 있게 하는 제3자수익자조항 ;
- 분쟁이 발생한 경우에 정보수취인 또는 수입자가 정보수출관리자의 국가감독기관 그리고/또는 법원의 절차에 따르기로 합의한 것

정보수출관리자가 선택할 수 있는 관리자-관리자 이전에 이용가능한 2종의 표준조항이 있다.[232] 관리자-처리자 이전에는 표준계약조항이 오직 1종 밖에 없다.[233]

CoE**법**의 범위 내에서, 조약 제108호의 자문위원회는 계약조항의 준비에 관한 가이드를 작성하였다.[234]

---

232 Set I is contained in the Annex to the European Commission (2001), Commission Decision 2001/497/EC of 15 June 2001 on standard contractual clauses for the transfer of personal data to third countries, under Directive 95/46/EC, OJ 2001 L 181; Set II is contained in the Annex to European Commission (2004), Commission Decision 2004/915/EC of 27 December 2004 amending Decision 2001/497/EC as regards the introduction of an alternative set of standard contractual clauses for the transfer of personal data to third countries, OJ 2004 L 385.

233 European Commission (2010), Commission Decision 2010/87 of 5 February 2010 on standard contractual clauses for the transfer of personal data to processors established in third countries under Directive 95/46/EC of the European Parliament and of the Council, OJ 2010 L 39.

234 CoE, Consultative Committee of the Convention 108 (2002), *Guide to the preparation of contractual clauses governing data protection during the transfer of personal data to third parties not bound by an adequate level of data.*

6.4.2. 구속적 기업규칙(Binding corporate rules)

다자간 구속적 기업규칙(BCRs)은 동시에 몇 개의 유럽정보보호기관에 포함되는 경우가 매우 흔하다.[235] BCRs이 승인되기 위해서는 BCRs 초안이 표준화된 신청서와 함께 주된 감독기관에 송부되어야 한다.[236] 주된 감독기관은 표준신청서에서 알 수 있다. 이 기관은 그들의 BCRs 평가절차에서의 참여가 자발적이라고 할지라도, 그룹의 계열사가 설립된 EEA 회원국들의 모든 감독기관에 통지한다. 그것이 구속적이 아니라 할지라도, 모든 관계정보보호기관들은 평가의 결과를 그들의 공식허가절차에 반영하여야 한다.

6.4.3. 특별한 국제협정(Special international agreements)

EU는 두 유형의 정보이전을 위한 특별협정을 체결하였다.

탑승객예약기록(Passenger Name Records)

탑승객예약기록(PNR)정보는 예약절차 중에 항공사에 의해 수집되고, 이름, 주소, 신용카드 내용과 비행기탑승객들의 좌석번호를

235 The content and structure of appropriate binding corporate rules are explained in Article 29 Working Party (2008), *Working document setting up a framework for the structure of Binding Corporate Rules*, WP 154, Brussels, 24 June 2008; and in Article 29 Working Party (2008), *Working document setting up a table with the elements and principles to be found in Binding Corporate Rules*, WP 153, Brussels, 24 June 2008.

236 Article 29 Working Party (2007), *Recommendation 1/2007 on the standard application for approval of binding corporate rules for the transfer of personal data*, WP 133, Brussels, 10 January 2007.

포함한다. 미국법에 의하여, 항공사는 탑승객이 출발하기 전에 이들 정보를 국토안보부가 이용할 수 있게 할 의무를 부담한다. 이것은 미국행 또는 미국발 비행에 적용된다.

지침 95/46/EC의 규정에 따라서 PNR정보의 적정한 보호를 보장하기 위하여, 'PNR패키지[237]'가 2004년에 채택되었다. 패키지는 미국 국토안보부(DHS)에 의해 수행된 정보처리의 적정성을 포함하였다.

EU와 미국은 CJEU가 PNR패키지를 무효로 함에 따라서,[238] 이중의 목적을 가진 두 개의 별개의 협정에 서명하였다. 즉, 첫째는, 미국기관들에 PNR정보를 공개하기 위한 법적 근거를 규정하는 것이고, 둘째는, 수취인 국가의 적정한 정보보호를 확립하는 것이다.

EU국가와 미국이 정보를 공유하고 관리하는 방법에 관한 첫 번째 협정은 2012년에 서명되었는데, 몇 가지 결함을 가져서, 동년에 보다 나은 법적 확실성을 보장하기 위하여 다른 협정으로 대체되었다.[239] 새로운 협정은 중요한 진전을 보인다. 그것은 중대한 다국적

237 Council Decision 2004/496/EC of 17 May 2004 on the conclusion of an Agreement between the European Community and the United States of America on the processing and transfer of PNR data by Air Carriers to the United States Department of Homeland Security, Bureau of Customs and Border Protection, OJ 2004 L 183, p. 83, and Commission Decision 2004/535/EC of 14 May 2004 on the adequate protection of personal data contained in the Passenger Name Record of air passengers transferred to the United States Bureau of Customs and Border Protection, OJ 2004 L 235, pp. 11–22.

238 CJEU, Joined cases C-317/04 and C-318/04, *European Parliament v. Council of the European Union*, 30 May 2006, paras. 57, 58 and 59, in which the Court ruled that both the adequacy decision and the agreement relating to the processing of data are excluded from the scope of Directive.

범죄 및 테러와 같이 그 정보가 이용될 수 있는 목적을 제한하며 또한 명확히 하고, 정보가 보존될 수 있는 기간을 설정한다. 즉, 6개월 후, 정보는 신원을 식별할 수 없게 되고 가려져야 한다. 정보가 오용된다면, 모든 사람들은 미국법에 의해 행정적 및 사법적 구제권을 가진다. 모든 사람들은 또한 자신의 PNR정보에 접근할 권리와, 그리고 만일 정보가 부정확하다면 삭제 가능성을 포함하여, 미국 국토안전부에 의한 정정을 구할 권리를 가진다.

협정은 2012년 7월 1일부터 시행되어 2019년까지 7년 동안 시행될 것이다.

2011년 12월에, 유럽연합 이사회는 PNR정보의 처리와 이전에 대한 업데이트된 EU-호주 협정의 체결을 승인하였다.[240] PNR정보에 관한 EU와 호주 간의 협정은 글로벌 PNR가이드라인을 포함하고,[241] EU-PNR계획을 수립하며,[242] 제3국과 협정을 협상하는[243] EU

239 Council Decision 2012/472/EU of 26 April 2012 on the conclusion of the Agreement between the United States of America and the European Union on the use and transfer of passenger name records to the United States Department of Homeland Security, OJ 2012 L 215/4. The Agreement's text is attached to this Decision, OJ 2012 L 215, pp. 5–14.

240 Council Decision 2012/381/EU of 13 December 2011 on the conclusion of the Agreement between the European Union and Australia on the processing and transfer of Passenger Name Record (PNR) data by air carriers to the Australian Customs and Border Protection Service, OJ 2012 L 186/3. The text of the Agreement, which replaced a previous 2008 agreement, is attached to this Decision, OJ 2012 L 186, pp. 4–16.

241 See in particular the Communication of the Commission of 21 September 2010 on the global approach to transfers of Passenger Name Record (PNR) data to third countries, COM(2010) 492 final, Brussels, 21 September 2010. See also Article 29 Working Group (2010), *Opinion 7/2010 on the European*

어젠더에서 더욱 발전된 단계이다.

금융메시지정보(Financial messaging data)

벨기에 소재의 국제은행간금융통신협회(SWIFT)는 유럽은행들로부터 오는 대부분의 글로벌 자금이체에 대한 처리자인데, 미국의 미러센터와 작업을 하고 있던 중 테러수사목적으로 미국 재무부에 정보를 공개할 것을 요청받게 되었다.[244]

EU의 관점으로는 SWIFT의 정보서비스처리센터 중의 하나가 미국에 소재하고 있다는 이유만으로 미국에서 접근가능한 이들 중요한 유럽정보를 공개하는 것에 대한 법적 근거가 충분하지 않았다.

Commission's Communication on the global approach to transfers of Passenger Name Record (PNR) data to third countries, WP 178, Brussels November 12, 2010.

242 Proposal for a Directive of the European Parliament and of the Council on the use of PNR data for the prevention, detection, investigation and prosecution of terrorist offences and serious crime, COM(2011) 32 final, Brussels, 2 February 2011. In April 2011, the European Parliament requested FRA to provide an opinion on this Proposal and its compliance with the Charter of Fundamental Rights of the European Union. See: FRA (2011), *Opinion 1/2011 – Passenger Name Record*, Vienna, 14 June 2011.

243 EU는 캐나다와 새로운 PNR협정을 협상하고 있는데, 이것이 현재 시행중인 2006년 협정을 대체하게 될 것이다.

244 See, in this context, Article 29 Working Party (2011), *Opinion 14/2011 on data protection issues related to the prevention of money laundering and terrorist financing*, WP 186, Brussels, 13 June 2011; Article 29 Working Party (2006), *Opinion 10/2006 on the processing of personal data by the Society for Worldwide Interbank Financial Telecommunications (SWIFT)*, WP 128, Brussels, 22 November 2006; Belgium Commission for the protection of privacy (Commission de la protection de la vie privée) (2008), *'Control and recommendation procedure initiated with respect to the company SWIFT scrl'*, Decision, 9 December 2008.

SWIFT협정으로 알려진, EU와 미국 간의 특별협정은 필요한 법적 근거를 규정하고, 적정한 정보보호를 보장하기 위하여 2010년에 체결되었다.[245]

동 협정에 의하여, SWIFT에 의해 저장된 금융정보는 테러 또는 테러리스트 자금조달의 방지, 수사, 탐지 또는 기소를 위하여 미국 재무부에 계속해서 제공된다. 미국 재무부는 다음과 같은 경우에 SWIFT로부터의 금융정보를 요청할 수 있다.

- 가능한 한 명확하게 금융정보를 식별하는 경우 ;
- 확실하게 정보의 필요성을 입증하는 경우 ;
- 요청된 정보의 양을 최소화하도록 가능한 한 좁게 맞추어진 경우 ;
- 단일유로결제지역(SEPA)에 관련되는 정보를 구하지 않는 경우.

유로폴(Europol)은 미국 재무부가 요청할 때마다 그 사본을 받고서 SWIFT협정의 원칙들이 준수되는지 여부를 확인하여야 한다.[246] 그것들이 준수되고 있다고 확인되면, SWIFT는 금융정보를 직접

245 Council Decision 2010/412/EU of 13 July 2010 on the conclusion of the Agreement between the European Union and the United States of America on the processing and transfer of Financial Messaging Data from the European Union to the United States for the purposes of the Terrorist Finance Tracking Program, OJ 2010 L 195, pp. 3 and 4. The text of the Agreement is attached to this Decision, OJ 2010 L 195, pp. 5-14.

246 The Joint Supervisory Body of Europol has conducted audits on Europol's activities in this area, the results of which are available at: http://europoljsb.consilium.europa.eu/reports/inspection-report.aspx?lang=en.

미국 재무부에 제공하여야 한다. 재무부는 테러나 그 자금조달을 수사하는 분석과에 의해서만 접근되는 안전한 물리적 환경에서 금융정보를 저장하여야 하며, 금융정보는 다른 데이터베이스와 상호 연결되어서는 안된다. 일반적으로, SWIFT로부터 받은 금융정보는 수취일로부터 5년 이내에 삭제되어야 한다. 특별수사나 기소와 관련되는 금융정보는 이들 수사나 기소를 위해 필요한 한 보존될 수 있다.

미국 재무부는 오로지 테러 및 그 자금조달의 수사, 탐지, 예방 또는 기소를 위하여서만 미국 내외의 특별법집행기관, 공공보안기관 또는 반테러기관에 SWIFT로부터 받은 정보로부터 나온 정보를 이전할 수 있다. 금융정보의 추가적인 이전이 EU회원국의 시민이나 거주자와 관련되는 경우에, 제3국의 기관들과 정보를 공유하는 것은 관련회원국의 관할기관들의 사전동의를 받아야 한다. 정보의 공유가 공공의 안전에 대한 즉각적이고 중대한 위협의 예방을 위하여 필수적인 경우에, 예외가 이루어질 수 있다.

유럽위원회에 의해 임명된 사람을 포함하여, 독립적인 감시자들은 SWIFT협정의 원칙들의 준수를 감시한다.

정보주체들은 자기들의 개인정보보호권이 준수되고 있다는 확인을 관할 EU정보보호기관으로부터 얻을 권리를 가진다. 정보주체들은 또한 SWIFT협정에 따라 미국 재무부에 의해 수집되고 저장된 정보의 정정권, 삭제권 또는 차단권을 가진다. 그러나, 정보주체들의 접근권은 일정한 법적 제한을 받을 수 있다. 접근이 거부될 경우, 정보주체는 서면으로 거부와 미국에서의 행정적 및 사법적 구제권에 대해 통지되어야 한다.

SWIFT협정은 2015년까지 5년간 유효하다. 그것은 일방 당사자가 적어도 6개월 전에 미리 협정을 연장하지 않겠다는 의사를 다른 당사자에게 통보하지 않는다면, 계속해서 1년간 자동적으로 연장된다.

제7장

경찰 및 형사사법에서의 정보보호

EU	관련쟁점	CoE
	일반	조약 제108호
	경찰	경찰권고
		ECtHR, *B.B. v. France*, No. 5335/06, 17 December 2009 ECtHR, *S. and Marper v. the United Kingdom*, Nos. 30562/04 and 30566/04, 4 December 2008 ECtHR, *Vetter v. France*, No.59842/00, 31 May 2005
	사이버범죄	사이버범죄조약
경찰 및 사법기관들의 국경을 넘는 협조에서의 정보보호		
정보보호구조결정	일반	조약 제108호 경찰권고
프륌(Prüm)결정	특별한 정보 : 지문, DNA, 훌리건 등	조약 제108호 경찰권고
유로폴(Europol)결정 유로저스트(Eurojust)결정 프론텍스(Frontex)규칙	특별기관에 의한	조약 제108호 경찰권고
센겐Ⅱ결정 VIS규칙 유로닥(Eurodac)규칙 CIS결정	특별한 공동정보 시스템에 의한	조약 제108호 경찰권고
		ECtHR, *Dalea v. France*, No. 964/07, 2 February 2010

정보보호에서의 개인의 이익과 범죄와의 싸움과 국가 및 공공의 안전을 위한 정보수집에서의 사회의 이익 간에 균형을 맞추기 위하여, CoE와 EU는 특별한 법제도를 시행하고 있다.

7.1. 경찰 및 형사사법문제에서의 CoE 정보보호법 (CoE law on data protection in police and criminal justice matters)

요점

- 조약 제108호와 CoE 경찰권고는 모든 경찰업무분야에 걸친 정보보호에 적용된다.
- 사이버범죄조약(부다페스트조약)은 전자네트워크에 대해, 그리고 그에 의해 저질러진 범죄를 취급하는 구속력 있는 국제법규이다.

유럽차원에서, 조약 제108호는 개인정보를 처리하는 모든 영역을 그 대상으로 하며, 그 조항들은 일반적으로 개인정보의 처리를 규율하도록 되어있다. 결론적으로, 조약 제108호는 체약당사국들이 그 적용을 제한할 수 있지만, 경찰 및 형사사법의 분야에서의 정보보호에 적용된다.

경찰 및 형사사법기관들의 법적 임무는 관계인들에게 중대한 결과를 초래할 수 있는 개인정보의 처리를 종종 요구한다. 1987년에 CoE가 채택한 경찰정보권고는 경찰기관들에 의한 개인정보 처리의 의미에서 조약 제108호의 원칙들을 어떻게 시행하여야 하는지에 대해 체약당사국들에게 지침을 주고 있다.[247]

7.1.1. 경찰권고(The police recommendation)

ECtHR는 경찰이나 국가보안기관에 의한 개인정보의 저장과 보유는 ECHR 제8조 제1항의 간섭을 형성한다고 일관되게 판결하였다. 그러한 간섭들의 정당성문제를 다룬 ECtHR판결들이 다수 있다.[248]

> 사례 : *B.B. v. France* 사건[249]에서, ECtHR는 국가사법데이터베이스에 유죄판결을 받은 성범죄자를 포함시키는 것은 ECHR 제8조의 적용을 받는다고 결정하였다. 그러나, 정보주체의 정보삭제청구권, 정보저장의 제한된 기간과 그러한 정보에의 제한된 접근과 같은, 충분한 정보보호 안전장치가 이행되었음을 감안할 때, 경합하는 문제의 사익과 공익 간에 정당한 형량이 이루어졌다. 재판소는 ECHR 제8조의 위반이 없었다고 결정하였다.

---

247 CoE, Committee of Ministers (1987), Recommendation Rec(87)15 to member states regulating the use of personal data in the police sector, 17 September 1987.

248 See, for example, ECtHR, *Leander v. Sweden*, No. 9248/81, 26 March 1987; ECtHR, *M.M. v. the United Kingdom*, No. 24029/07, 13 November 2012; ECtHR, *M.K. v. France*, No. 19522/09, 18 April 2013.

249 ECtHR, *B.B. v. France*, No. 5335/06, 17 December 2009.

사례 : *S. and Marper v. the United Kingdom* 사건[250]에서, 두 청구인들은 범죄혐의로 기소되었지만, 유죄판결을 받지 않았다. 그럼에도 불구하고, 그들의 지문, DNA 프로파일과 세포샘플이 경찰에 의해 보유되고, 저장되었다. 어떤 사람이 범죄혐의를 받은 경우에 혐의자가 나중에 무죄판결을 받거나 또는 석방되었다고 하더라도, 제정법에 의해 바이오정보의 보유가 무제한으로 허용되었다. ECtHR는 기한이 제한되어 있지 않고 삭제청구의 가능성이 매우 제한된, 개인정보의 포괄적이고 무차별적인 보유는 청구인들의 사생활존중권의 비례적이지 않는 간섭을 형성한다고 판결하였다. 재판소는 ECHR 제8조의 위반이 있었다고 결정하였다.

그밖에도, 감시에 의한 정보보호권의 간섭의 정당성을 다룬 ECtHR판결이 다수 있다.

사례 : *Allan v. the United Kingdom* 사건[251]에서, 교도소 면회구역에서 한 친구와, 그리고 감방에서 공범자와 나눈 죄수의 사적 대화가 당국에 의해 비밀히 녹음되었다. ECtHR는 청구인의 감방, 교도소 면회구역과 동료죄수에 대한 오디오·비디오 녹음장치의 이용은 청구인의 사생활권에 대한 간섭에 해당한다고 판

250 ECtHR, *S. and Marper v. the United Kingdom*, Nos. 30562/04 and 30566/04, 4 December 2008, paras. 119 and 125.

251 ECtHR, *Allan v. the United Kingdom*, No. 48539/99, 5 November 2002.

결하였다. 관련시기에 경찰에 의한 은밀한 녹음장치의 이용을 규율하는 제정법제도는 없었기 때문에, 위의 간섭은 법률에 일치하지 않았다. 재판소는 ECHR 제8조의 위반이 있었다고 결정하였다.

사례 : *Klass and Others v. Germany* 사건[252]에서, 청구인들은 메일, 우편과 전기통신의 비밀감시를 허용하는 독일입법들은, 특히 관계자가 감시조치를 통지받지 않고 그러한 조치가 종료되면 법원에 소를 제기할 수 없기 때문에, ECHR 제8조를 위반한다고 주장하였다. ECtHR는 감시의 위협은 우편 및 통신 서비스의 이용자들 간의 소통의 자유를 필연적으로 간섭한다고 판결하였다. 그러나, 남용에 대한 충분한 안전장치가 마련되었다고 판결하였다. 독일입법부는 국가안보의 이익에서, 그리고 혼란 또는 범죄의 예방을 위하여 민주사회에서 필요한 조치를 검토함에 있어서 정당성이 인정되었다. 재판소는 ECHR 제8조의 위반이 없었다고 결정하였다.

경찰기관에 의한 정보처리는 관계인에게 중대한 영향을 가질 수 있기 때문에, 이 분야에서 데이터베이스를 보존하기 위해 상세한 정보보호규칙이 특히 필요하다. CoE 경찰권고는 경찰업무를 위해 정보가 어떻게 수집되어야 하는지 ; 이 분야의 정보파일은 어떻게 보존되어야 하는지 ; 외국경찰기관에 정보 이전의 조건을 포함하

252 ECtHR, *Klass and Others v. Germany*, No. 5029/71, 6 September 1978.

여, 누가 이들 파일에 접근이 허용되어야 하는지 ; 정보주체들은 어떻게 그들의 정보보호권을 행사할 수 있는지 ; 그리고, 독립적 기관들에 의한 통제는 어떻게 이행되어야 하는지에 대해 지침을 부여함으로써, 그 문제를 해결하고자 하였다. 적절한 정보보안를 제공할 의무도 또한 고려되어야 한다.

권고는 경찰기관에 의한 제한없는 무차별적인 수집을 규정하고 있지 않다. 그것은 경찰기관에 의한 개인정보의 수집을 실제 위험의 방지 또는 특정한 범죄의 진압을 위해 필요한 것으로 제한하고 있다. 어떠한 추가적인 정보수집도 특정한 국가입법에 근거하여야 한다. 민감정보의 처리는 특별한 조사에서 절대적으로 필요한 것으로 제한되어야 한다.

정보주체가 알지 못한 사이에 개인정보가 수집되는 경우, 그러한 공개가 더 이상 수사를 방해하지 않으면 정보주체는 바로 정보수집을 통지받아야 한다. 기술적 감시 또는 다른 자동화된 수단에 의한 정보의 수집도 또한 특정한 법규정에 근거하여야 한다.

사례 : *Vetter v. France* 사건[253]에서, 익명의 증인들은 청구인을 살인범이라고 비난하였다. 청구인은 정기적으로 친구의 집을 갔기 때문에, 경찰은 법관의 허가를 받아 도청기를 설치하였다. 녹음된 대화에 힘입어, 청구인은 살인범으로 체포, 기소되었다. 청구인은 특히 그것이 법률에 의해 규정되지 않았음을 주장하

253 ECtHR, *Vetter v. France*, No. 59842/00, 31 May 2005.

> 여, 녹음이 증거로서 채택될 수 없음을 선언할 것을 신청하였다. ECtHR에게, 문제의 쟁점은 도청기의 사용이 "법률에 일치하는지" 여부였다. 사적 구역의 도청은 형사소송법 제100조 이하의 범위에 속하지 않은 것은 명백하였다. 왜냐하면, 그들 규정은 유선전화의 도청과 관련된 것이기 때문이었다. 형사소송법 제81조는 사적 대화의 감시를 허용함에 있어서 기관의 재량행사의 범위 또는 방식을 합리적으로 명확하게 규정하지 않았다. 따라서, 청구인은 민주사회에서 법의 지배에 따라 시민들이 부여받은 최소한의 보호의 정도도 향유하지 못하였다. 재판소는 ECHR 제8조의 위반이 있었다고 결정하였다.

권고는 개인정보를 저장할 때 행정정보와 경찰정보; 용의자, 유죄판결을 받은 자, 희생자와 증인들과 같이, 서로 다른 유형의 정보주체들; 그리고, 확실한 사실로 간주되는 정보와 의심 또는 추측에 근거한 정보 간에 명확한 구별이 이루어져야 한다고 결정한다.

경찰정보는 목적에 있어서 엄격하게 제한되어야 한다. 이것은 경찰정보의 제3자에의 전달을 위하여 중요성을 가진다. 즉, 경찰부문 내의 그러한 정보의 이전 또는 전달은 정보의 공유에 있어서 정당한 이익이 있는지 여부에 의해 규율되어야 한다. 경찰부문 외의 그러한 정보의 이전 또는 전달은 명확한 법적 의무나 허가가 있는 경우에만 허용되어야 한다. 국제적 이전 또는 전달은 외국경찰기관으로 제한되어야 하며, 그것이 중대하고 긴급한 위험의 방지를 위하여 필요하지 않다면, 특별한 법규정, 가능하다면 국제협정에 근거하여야 한다.

경찰에 의한 정보처리는 국내 정보보호법의 준수를 보장하기 위하여 독립적 감독을 받아야 한다. 정보주체들은 조약 제108호 내에 포함된 모든 접근권을 가져야 한다. 정보주체들의 접근권이 효과적인 경찰수사를 위하여 조약 제108호 제9조에 따라서 제한되는 경우에, 정보주체는 국내법에 의해 국가정보보호감독기관 또는 다른 독립적 기구에 쟁송을 제기할 권리를 가져야 한다.

7.1.2. 사이버범죄에 관한 부다페스트조약(The Budapest Convention on Cybercrime)

범죄활동들이 점점 전자정보처리시스템을 이용하고 영향을 미치기 때문에, 새로운 형법규정들이 이러한 도전에 대처할 것이 요청된다. 따라서, CoE는 전자네트워크에 대하여, 그리고 그에 의하여 범한 범죄문제에 대처하기 위하여 국제법규인 사이버범죄에 관한 조약-또한 부다페스트조약으로 알려진-을 채택하였다.[254] 동 조약은 CoE 비회원국들에 의해서도 가입이 개방되어 있고, 2013년 중반까지 CoE 이외의 4개국-오스트레일리아, 도미니크공화국, 일본과 미국-이 조약의 당사국이 되었으며, 다른 12개국의 비회원국들이 조약에 서명을 하였거나 가입에 초청받았다.

254 Council of Europe, Committee of Ministers (2001), Convention on Cybercrime, CETS No. 185, Budapest, 23 November 2001, entered into force on 1 July 2004.

사이버범죄에 관한 조약은 인터넷 또는 다른 정보네트워크에 대한 법의 위반을 다루는 가장 영향력있는 국제조약이다. 그것은 당사국들이 해킹과 저작권 침해를 포함하는 다른 보안침해, 컴퓨터를 이용한 사기, 아동포르노와 다른 불법적인 사이버활동에 대해 형사법을 업데이트하고 조화시킬 것을 요구하고 있다. 조약은 또한 사이버범죄와의 싸움에서 컴퓨터네트워크의 검색과 통신의 도청을 대상으로 하는 절차적 권한을 규정하고 있다. 마지막으로, 그것은 효과적인 국제협조를 규정하고 있다. 조약 추가의정서는 컴퓨터네트워크에서의 인종주의자와 외국인혐오선전의 형사처벌에 대해 다루고 있다.

조약은 실제로 정보보호를 촉진하는 규범은 아니지만, 그것은 정보주체의 정보보호권을 침해하는 활동들을 형사처벌하고 있다. 그것은 또한 정보보호권과 같은 ECHR에 의해 보장된 권리를 포함하여, 인간의 권리와 자유의 적정한 보호를 예견하는 조약을 실행할 때 체약당사국들을 구속한다.[255]

255 *Ibid.*, Art. 15 (1).

7.2. 경찰 및 형사문제에서의 EU 정보보호법 (EU law on data protection in police and criminal matters)

요점

- EU차원에서, 경찰 및 형사사법분야에서의 정보보호는 경찰 및 사법기관의 국경을 넘는 협조의 형태로만 규율되고 있다.
- 국경을 넘는 법집행을 지원하고 촉진하는 EU기구들인 유럽경찰청(Europol)과 유럽사법협력기구(Eurojust)를 위한 특별한 정보보호제도가 존재한다.
- 관할 경찰기관 및 사법기관 간에 국경을 넘는 정보교환을 위해 EU차원에서 수립된 공동정보제도를 위한 특별한 정보보호제도가 또한 존재한다. 중요한 사례로서는 센겐 Ⅱ, 비자정보시스템(VIS)과 EU회원국들 중에서 망명을 신청하는 제3국 국민들의 지문정보를 포함하는 중앙집중식 제도인 유럽난민정보센터(Eurodac)가 있다.

정보보호지침은 경찰 및 형사사법분야에는 적용되지 않는다. 7.2.1.은 이 분야에서의 가장 중요한 법규범들을 기술한다.

7.2.1. 정보보호구조결정(The Data Protection Framework Decision)

형사문제에서의 경찰 및 사법협력구조에서 처리된 개인정보의 보호에 관한 이사회구조결정 2008/977/JHA(정보보호구조결정)[256]은 개인정보가 범죄를 예방하고, 수사하고, 탐지하거나 기소하는 것을 목적으로 또는 형벌을 집행하는 것을 목적으로 처리될 때, 자연인의 개인정보의 보호를 제공하는 것을 목적으로 한다. 경찰 및 형사사법분야에서 행위하는 관할기관들은 회원국들이나 EU를 대표하여 활동하고 있다. 이들 기관은 회원국들의 기관들은 물론, EU 행정청이나 기구들이다.[257] 구조결정의 적용가능성은 이들 기관 간에 국경을 넘는 협력에서 정보보호를 보장하는 것으로 제한되고, 국가안보에까지 확장되지 않는다.

정보보호구조결정은 조약 제108호와 정보보호지침에서 포함된 원칙들과 개념정의에 크게 의존한다.

정보는 관할기관에 의해서만, 그리고 정보가 전송되거나 활용될 수 있는 목적을 위해서만 이용되어야 한다. 수취하는 회원국은 전송하는 회원국의 법에서 규정된 정보의 교환에 대한 제한을 존중하여야 한다. 그러나, 수취국에 의한 다른 목적을 위한 정보의 이용은 일정한 조건 아래에서 허용된다. 전송의 로깅과 문서화는 원고들로부터 발생하는 책임문제를 명확하게 지원하기 위하여 관할기관들의 특별한 의무이다. 국경을 넘는 협력과정에서 수취한 정보의 제3자에의 추가적인 이전에는, 긴급한 경우에 예외가 존재하지만, 정보가 원래 생성된 회원국의 동의가 요구된다.

---

256 Council of the European Union (2008), Council Framework Decision 2008/977/JHA of 27 November 2008 on the protection of personal data processed in the framework of police and judicial cooperation in criminal matters (Data Protection Framework Decision), OJ 2008 L 350.

257 *Ibid.*, Art. 2 (h).

관할기관들은 불법적인 형태의 처리에 대해 개인정보를 보호할 필요한 보안조치를 취하여야 한다.

각 회원국은 하나 이상의 독립적인 국가감독기관들이 정보보호구조결정에 따라서 채택된 규정들의 적용을 조언하고 감시할 책임을 질 것을 보장하여야 한다. 그 기관들은 또한 관할기관들에 의한 개인정보의 처리에 관해, 그 권리와 자유의 보호에 관하여 누구든지 제기한 청구를 심리한다.

정보주체는 자기의 개인정보의 처리에 대한 정보를 받을 자격이 있으며, 접근권, 정정권, 삭제권 또는 차단권을 가진다. 이들 권리의 행사가 설득력있는 근거에 기하여 거부되는 경우에, 정보주체는 관할국가감독기관 그리고/또는 법원에 쟁송을 제기할 권리를 가져야 한다. 누군가가 정보보호구조결정을 이행하는 국가법의 위반으로 인해 손해를 받는다면, 이 사람은 관리자로부터 배상을 받을 자격이 있다.[258] 일반적으로, 정보주체들은 정보보호구조결정을 이행하는 국가법에 의해 보장된 권리의 침해에 대한 사법적 구제에의 접근을 가져야 한다.[259]

유럽위원회는 일반정보보호규칙[260]과 일반정보보호지침[261]으로

---

258 *Ibid.*, Art. 19.

259 *Ibid.*, Art. 20.

260 European Commission (2012), *Proposal for a Regulation of the European Parliament and of the Council on the protection of individuals with regard to the processing of personal data and on the free movement of such data (General Data Protection Regulation)*, COM(2012) 11 final, Brussels, 25 January 2012.

261 European Commission (2012), *Proposal for a Directive of the European*

구성된 개혁을 제안하였다. 이 새로운 지침은 현행 정보보호구조결정을 대체할 것이며, 형사문제에서의 경찰 및 사법협력에 대한 일반원칙과 규정을 적용할 것이다.

7.2.2. 경찰 및 법집행의 국경을 넘는 협력에서의 정보보호에 관한 보다 특별한 법규범(More specific legal instruments on data protection in police and law-enforcement crossborder cooperation)

정보보호구조결정에 추가하여, 특정한 분야에서 회원국들이 보유한 정보의 교환은 회원국들 간의 범죄기록에서 추출된 정보의 교환의 조직과 내용에 관한 이사회구조결정 2009/315/JHA와 정보 교환에 관하여 회원국들의 금융정보기구들 간의 협력의 조정에 관한 이사회결정과 같은 다수의 법규범에 의해 규율된다.[262]

중요한 것은 관할기관들 간의 국경을 넘는 협력[263]에서 이주정보

Parliament and of the Council on the protection of individuals with regard to the processing of personal data by competent authorities for the purposes of prevention, investigation, detection or prosecution of criminal offences or the execution of criminal penalties, and the free movement of such data (General Data Protection Directive), COM(2012) 10 final, Brussels, 25 January 2012.

262 Council of the European Union (2009), Council Framework Decision 2009/315/JHA of 26 February 2009 on the organisation and content of the exchange of information extracted from the criminal record between Member States, OJ 2009 L 93; Council of the European Union (2000), Council Decision 2000/642/JHA of 17 October 2000 concerning arrangements for cooperation between financial intelligence units of the Member States in respect of exchanging information, OJ 2000 L 271.

263 European Commission (2012), Communication from the Commission to the European Parliament and the Council – Strengthening law enforcement

의 교환을 포함하는 경우가 증가하고 있다는 것이다. 이 분야의 법률은 경찰 및 형사사법문제에 속하지 않지만, 여러 가지 면에서 경찰 및 사법기관의 업무와 관련이 있다. EU로 수입되는 또는 그로부터 수출되는 상품에 관한 정보도 마찬가지이다. EU 역내의 내부 국경통제의 철폐는 사기의 위험을 높였고, 국가 및 EU 관세법 위반을 보다 효과적으로 탐지하고 기소하기 위하여, 특히 국경을 넘는 정보교환을 향상시킴으로써 회원국들 간의 협력 강화가 필요하게 되었다.

프륌결정(The Prüm Decision)

국가가 보유한 정보의 교환에 의한 기관들의 국경을 넘는 협력의 중요한 사례로서는 특히 테러 및 국경을 넘는 범죄와의 싸움에서 국경을 넘는 협력의 강화에 관한 이사회결정 2008/615/JHA(프륌결정)이 있는바, 프륌조약은 2008년에 EU법으로 통합되었다.[264] 프륌조약은 오스트리아, 벨기에, 프랑스, 독일, 룩셈부르크, 네덜란드와 스페인에 의해 2005년에 서명된 국제경찰협력협정이었다.[265]

---

cooperation in the EU: the European Information Exchange Model (EIXM), COM(2012) 735 final, Brussels, 7 December 2012.

264 Council of the European Union (2008), Council Decision 2008/615/JHA of 23 June 2008 on the stepping up of cross-border cooperation, particularly in combating terrorism and cross-border crime, OJ 2008 L 210.

265 Convention between the Kingdom of Belgium, the Federal Republic of Germany, the Kingdom of Spain, the French Republic, the Grand Duchy of Luxembourg, the Kingdom of the Netherlands and the Republic of Austria on the stepping up of cross-border cooperation, particularly in combating terrorism, crossborder crime and illegal migration; available at: http://register.consilium.europa.eu/pdf/en/05/st10/st10900.en05.pdf.

프륌결정의 목적은 세 분야, 즉, 테러, 국경을 넘는 범죄와 불법 이민에서 범죄를 방지하고 싸우기 위하여 회원국들이 정보공유를 향상시키는 것을 돕는 것이다. 이러한 목적을 위하여, 결정은 다음에 관한 조항을 제정한다.

- DNA프로파일, 지문정보와 일정한 국가차량등록정보에의 자동화된 접근 ;
- 국경을 넘는 범위를 가지는 주요사건과 관련한 정보의 제공 ;
- 테러범죄를 방지하기 위한 정보의 제공 ;
- 국경을 넘는 경찰협력을 강화하기 위한 다른 조치들.

프륌결정에 의해 이용할 수 있게 되는 데이터베이스는 전적으로 국가법에 의해 규율되지만, 정보의 교환은 동 결정과 보다 최근에는 정보보호구조결정에 의해 추가적으로 규율된다. 그러한 정보유통의 감독을 위한 관할기구들은 국가정보보호감독기관이다.

7.2.3. 유로폴과 유로저스트에서의 정보보호(Data protection at Europol and Eurojust)

유로폴(Europol)

EU의 법집행기관인 유로폴은 각 회원국의 유로폴 국가사무소(ENUs)와 함께 헤이그에 본부가 있다. 유로폴은 1998년에 설립되었으며, EU기관으로서의 현재의 법적 지위는 유럽경찰청을 설치하는 이사회결정(*유로폴결정*)에 근거한다.[266] 유로폴의 목적은 두 개 이상의 회원국들에 영향을 주는 것으로 유로폴결정 부속서에 열거된 조직범죄, 테러와 다른 형태의 중대범죄의 방지와 수사를 지원하는 것이다.

유로폴은 그 목적을 달성하기 위하여 유로폴정보시스템을 설립하였는바, 동 시스템은 회원국들이 그들의 ENUs를 통하여 범죄정보를 교환하는 데이터베이스를 제공한다. 유로폴정보시스템은 용의자이거나 유로폴의 관할에 속하는 범죄에 대해 유죄판결을 받은 사람, 또는 그러한 범죄를 저지를 거라는 사실적 징후가 있는 사람들과 관련된 정보를 이용할 수 있도록 되어있다. 유로폴과 ENUs는 정보를 직접 유로폴정보시스템에 입력하고, 그것으로부터 정보를 가져올 수 있다. 그 시스템에 정보를 입력한 당사자만이 그 정보를 변경, 정정 또는 삭제할 수 있다.

유로폴은 그 임무수행을 위해 필요한 경우에, 분석작업파일에서 범죄에 관한 정보를 저장, 변경하고 이용할 수 있다. 분석작업파일은 EU회원국들과 함께 유로폴이 수행하는 구체적인 범죄수사를 지원할 목적으로 정보를 수집, 처리 또는 이용하기 위하여 개방된다.

---

266 Council of the European Union (2009), Council Decision of 6 April 2009 establishing the European Police Office, OJ 2009 L 121 (Europol). See also the Commission's proposal for a regulation therefore provides for a legal framework for a new Europol which succeeds and replaces Europol as established by the Council Decision 2009/371/JHA of 6 April 2009 establishing the European Police Office (Europol), and CEPOL as established by Council Decision 2005/681/JHA establishing the European Police College (CEPOL), COM(2013) 173 final.

새로운 발전에 대응하여, 유럽사이버범죄센터가 2013년 1월 1일에 유로폴에 설립되었다.[267] 동 센터는 사이버범죄에 관한 EU정보허브로서 기능하며, 온라인범죄에 있어서 보다 신속한 대응에 기여하며, 디지털포렌식능력을 발전시키고 효율적으로 이용하며, 사이버범죄수사에 대한 우수사례를 배출한다. 센터는 다음의 사이버범죄에 초점을 맞춘다.

- 조직화된 단체가 온라인 사기와 같은 커다란 범죄수익을 낳는 것 ;
- 온라인 아동성착취와 같이 중대한 손해를 피해자에게 초래하는 것 ;
- EU에서 중대한 인프라와 정보시스템에 영향을 주는 것.

유로폴 활동을 지배하는 정보보호체제가 강화되었다. 유로폴결정은 제27조에서 조약 제108호와 자동화 및 비자동화된 정보의 처리에 관한 경찰정보권고에서 규정된 원칙들이 적용된다고 기술하고 있다. 유로폴과 회원국들 간의 정보 전송은 또한 정보보호구조결정에서 포함된 규정들을 충족하여야 한다.

적용가능한 정보보호법의 준수와, 그리고 특히 개인의 권리가 개인정보의 처리에 의해 침해되지 않음을 보장하기 위하여, 독립적인

---

267 See also EDPS (2012), *Opinion of the Data Protection Supervisor on the Communication from the European Commission to the Council and the European Parliament on the establishment of a European Cybercrime Centre*, Brussels, 29 June 2012.

유로폴공동감독기구(JSB)는 유로폴의 활동을 심사하고 감시한다.[268] 모든 개인은 자기의 개인정보의 체크, 정정 또는 삭제를 청구할 권리에 부가하여, 자기에 관해 보유하고 있을 수 있는 개인정보에의 접근권을 가진다. 만일 이들 권리의 행사에 관한 유로폴의 결정에 만족하지 않는다면, JSB쟁송위원회에 쟁송을 제기할 수 있다.

유로폴에서 저장되거나 처리된 정보의 법률상 또는 사실상의 하자로 인하여 손해가 발생한 경우에, 피해당사자는 손해를 초래한 사건이 발생한 회원국의 관할법원에만 구제를 청구할 수 있다.[269] 유로폴이 그 법적 의무를 준수하지 않은 결과 손해가 발생한 것이라면, 유로폴은 회원국에 변상하여야 한다.

유로저스트(Eurojust)

유로저스트는 2002년에 설립되었으며, 헤이그에 본부를 두고 있는 EU기구이다. 그것은 적어도 2개의 회원국에 관한 중대범죄와 관련되는 수사 및 기소에 있어서 사법적 협력을 촉진한다.[270] 유로저

268 Europol Decision, Art. 34.

269 *Ibid.*, Art. 52.

270 Council of the European Union (2002), Council Decision 2002/187/JHA of 28 February 2002 setting up Eurojust with a view to reinforcing the fight against serious crime, OJ 2002 L 63; Council of the European Union (2003), Council Decision 2003/659/JHA of 18 June 2003 amending Decision 2002/187/JHA setting up Eurojust with a view to reinforcing the fight against serious crime, OJ 2003 L 44; Council of the European Union (2009), Council Decision 2009/426/JHA of 16 December 2008 on the strengthening of Eurojust and amending Decision 2002/187/JHA setting up Eurojust with a view to reinforcing the fight against serious crime, OJ 2009 L 138 (*Eurojust Decisions*).

스트는 다음의 관할권이 있다.

- 여러 회원국들의 관할기관들 간의 수사 및 기소의 조정을 촉진하고 증진시키는 것 ;
- 사법적 협력과 관련되는 청구 및 결정의 실행을 촉진하는 것.

유로저스트의 기능은 국가회원들에 의해 수행된다. 각 회원국은 한 명의 판사 또는 검사를 유로저스트에 파견한다. 그들의 법적 지위는 국가법에 따르며, 사법적 협력을 촉진하고 증진하며 필요한 임무를 수행하기 위해 필요한 권한이 부여된다. 그밖에도, 국가회원들은 특별한 유로저스트 임무를 수행하기 위한 단체로서 공동으로 행동한다.

유로저스트는 그 목적 달성에 필요한 한 개인정보를 처리할 수 있다. 그러나, 이것은 유로저스트의 권한의 대상인 범죄를 저질렀거나 그에 참여를 한 사람, 또는 그로 인해 유죄판결을 받은 사람에 대한 특별한 정보로 제한된다. 유로저스트는 또한 그 권한의 대상인 범죄의 증인 또는 희생자에 관한 일정한 정보를 처리할 수 있다.[271] 예외적인 사정으로, 유로저스트는 그러한 정보가 진행중인 수사와 직접 관련이 있는 경우에, 범죄상황과 관련되는 보다 광범위한 개인정보를 제한된 기간 동안 처리할 수 있다. 유로저스트는 그 권한 범위 내에서 다른 EU 기관, 기구와 행정청들과 협력할 수

271 Consolidated version of the Council Decision 2002/187/JHA as amended by Council Decision 2003/659/JHA and by Council Decision 2009/426/JHA, Art. 15 (2).

있으며, 그들과 개인정보를 교환할 수 있다. 유로저스트는 또한 제3국 및 조직들과 개인정보를 교환하고 협력할 수 있다.

정보보호와 관련하여, 유로저스트는 유럽평의회의 조약 제108호와 그 후속 개정의 원칙들과 적어도 동등한 보호수준을 보장하여야 한다. 정보교환의 경우에, 유로저스트 이사회결정과 유로저스트 정보보호규칙에 따라서 협력협정이나 업무조정에서 규정된 특별한 규칙과 제한이 준수되어야 한다.[272]

독립적인 JSB는 유로저스트에 의해 수행된 개인정보의 처리를 감시하는 임무를 가지고, 유로저스트에 설치되었다. 개인들은 개인정보의 접근, 정정, 차단 또는 삭제요구에 대한 유로저스트의 응답에 만족하지 못하는 경우에, JSB에 쟁송을 제기할 수 있다. 유로저스트가 불법적으로 개인정보를 처리하는 경우에, 유로저스트는 정보주체가 입은 손해에 대해 그 본부가 소재한 회원국인 네덜란드의 국가법에 의해 책임을 부담한다.

7.2.4. EU차원의 공동정보시스템에서의 정보보호(Data protection in the joint information systems at EU level)

회원국들 간의 정보교환과 국경을 넘는 범죄와의 싸움을 위한 특별한 EU기관들의 창설 이외에도, 몇 가지 공동정보제도가 이민법과 관세법을 포함하여 관할 국가기관과 EU기관들 간에 정보교환의

272 Rules of Procedure on the Processing and Protection of Personal Data at Eurojust, OJ 2005 C 68/01, 19 March 2005, p. 1.

플랫폼으로서 기능하기 위하여 EU차원에서 설치되었다. 이들 제도 가운데 몇 개는 센겐정보제도, 비자정보제도, Eurodac, Eurosur 또는 관세정보제도와 같은 EU법제도에 의해 후속적으로 보완된 다국적 협정에서 발전하였다.

2012년에 설립된 유럽대규모정보기술제도청(eu-LISA)[273]은 2세대 센겐정보제도(SIS Ⅱ), 비자정보제도(VIS)와 Eurodac의 장기적 관리운영을 맡고 있다. eu-LISA의 핵심임무는 정보기술제도의 효과적이고 안정적이며 지속적인 운영을 보장하는 것이다. 그것은 또한 제도의 보안과 정보의 보안을 보장하기 위한 필요한 조치의 채택을 책임지고 있다.

센겐정보제도(The Schengen Information System)

1985년에, 구 유럽공동체의 몇몇 회원국들은 센겐지역 내에서 국경선 통제에 의한 제약을 받지 않고 사람들의 자유로운 이동을 위한 지역을 창설할 것을 목적으로 하여, 공통국경선에서의 체크의 점진적 폐지에 관하여 베네룩스경제연합국가, 독일과 프랑스 간에 조약(센겐조약)을 체결하였다.[274] 개방국경선으로 인해 초래될 수 있는 공공의 안전에 대한 위협을 상쇄시키기 위하여, 국가경찰과

273 Regulation (EU) No. 1077/2011 of the European Parliament and of the Council of 25 October 2011 establishing a European Agency for the operational management of large-scale IT systems in the area of freedom, security and justice, OJ 2011 L 286.

274 Agreement between the Governments of the States of the Benelux Economic Union, the Federal Republic of Germany and the French Republic on the gradual abolition of checks at their common borders, OJ 2000 L 239.

사법기관들 간의 밀접한 협력과 센겐지역 외부국경선에서의 강화된 국경선 통제가 수립되었다.

센겐조약에 다른 국가들의 가입으로 인해, 센겐제도는 암스테르담조약[275]에 의해 마침내 EU법체계로 통합되었다. 이러한 결정은 1999년에 이행되었다. 센겐정보제도의 새로운 버전인 이른바 SIS Ⅱ가 2013년 4월 9일에 작동되었다. 이것은 현재 모든 EU회원국들과 아이슬란드, 리히텐슈타인, 노르웨이와 스위스에서 시행되고 있다.[276] 유로폴과 유로저스트도 또한 SIS Ⅱ에 가입하였다.

SIS Ⅱ는 중앙제도(C-SIS), 각 회원국의 국가제도(N-SIS)와 중앙제도 및 국가제도 간의 통신인프라로 구성되어 있다. C-SIS는 사람과 물건에 관해 회원국들이 입력한 일정한 정보를 포함하고 있다. C-SIS는 센겐지역에서 국경선 통제, 경찰, 관세, 비자 및 사법기관에 의해 이용된다. 각 회원국들은 국가센겐정보제도(N-SIS)로 알려진 C-SIS의 국가판을 운영하는 바, 이들은 끊임없이 업데이트되며, 그에 의해 C-SIS가 업데이트된다. N-SIS는 협의를 받아, 다음의 경우에 경보를 발할 것이다.

---

275 European Communities (1997), Treaty of Amsterdam amending the Treaty on European Union, the Treaties establishing the European Communities and certain related acts, OJ 1997 C 340.

276 Regulation (EC) No. 1987/2006 of the European Parliament and of the Council of 20 December 2006 on the establishment, operation and use of the second generation Schengen Information System, OJ 2006 L 381 (*SIS Ⅱ*) and Council of the European Union (2007), Council Decision 2007/533/JHA of 12 June 2007 on the establishment, operation and use of the second generation Schengen Information System, (*SIS Ⅱ*), OJ 2007 L 205.

- 사람이 센겐지역에 진입하거나 체류할 권리가 없는 경우에 ; 또는
- 사람이나 물건이 사법기관이나 법집행기관에 의해 수배되는 경우 ; 또는
- 사람이 행방불명된 것으로 보고된 경우 ; 또는
- 은행권, 자동차, 밴, 소형 무기와 신원확인문서와 같은 물건이 도난 또는 분실된 것으로 보고된 경우.

경보 발령의 경우에는 후속 조치가 국가센겐정보제도를 통하여 개시되게 된다.

SISⅡ는 다음 사항을 입력할 수 있는 새로운 기능을 가진다. 즉, 지문 및 사진과 같은 바이오 정보; 또는 도난된 보트, 비행기, 콘테이너 또는 결제수단과 같은 새로운 범주의 경보; 그리고, 사람 및 물건에 대한 강화된 경보; 체포, 자수 또는 본국송환을 위해 수배된 사람들에 대한 유럽체포영장(EAWs) 사본.

제2세대 센겐정보시스템의 설치, 작동 및 이용에 관한 이사회결정 2007/533/JHA(센겐Ⅱ결정)은 조약 제108호에 통합된다. 즉, "이 결정의 적용에서 처리된 개인정보는 유럽평의회 조약 제108호에 의하여 보호된다."[277] 국가경찰기관에 의한 개인정보의 이용이 센겐Ⅱ

277 Council of the European Union (2007), Council Decision 2007/533/JHA of 12 June 2007 on the establishment, operation and use of the second generation Schengen Information System, OJ 2007 L 205, Art. 57.

결정의 적용에서 이루어진 경우에, 경찰정보권고와 조약 제108호 조항들은 국가법에서 이행되어야 한다.

각 회원국의 관할국가감독기관은 국내 N-SIS를 감독한다. 특히, 그것은 회원국이 N-SIS를 통하여 C-SIS에 입력하는 정보의 품질에 대해 체크해야 한다. 국가감독기관은 국내 N-SIS 내부의 정보처리 작용을 적어도 4년마다 감사할 것을 보장하여야 한다. EDPS는 C-SIS의 감독에 책임을 지는 반면, 국가감독기관과 EDPS는 협력하여 SIS의 통합감독을 보장한다. 투명성을 위하여, 공동 활동보고서는 유럽의회, 이사회와 eu-LISA에 2년마다 송부될 것이다.

N-SIS가 C-SIS의 복사판이기 때문에, SIS Ⅱ에 관한 개인들의 접근권은 어느 회원국에서도 행사될 수 있다.

사례 : *Dalea v. France* 사건[278]에서, 청구인은 프랑스 당국이 센겐정보시스템에 그가 입국이 거부될 것이라고 보고한 바와 같이, 프랑스 방문비자가 거부되었다. 청구인은 프랑스 정보보호위원회에 정보의 접근과 정정 또는 삭제를 요구하였으나 뜻을 이루지 못하였으며, 결국 국사원(Council of State)에 청구하였다. ECtHR는 청구인에 대해 센겐정보시스템에 보고한 것은 법률에 일치하였으며, 국가안보의 보호라는 정당한 목적을 추구한 것이었다고 판결하였다. 청구인은 그가 실제로 센겐지역에로의 진입의 거부로 인하여 얼마나 고통을 받았는지에 대한 입

278 ECtHR, *Dalea v. France* (dec.), No. 964/07, 2 February 2010.

증이 없었기 때문에, 그리고 자의적 결정으로부터 그를 보호할 충분한 수단이 정비되어 있기 때문에, 사생활 존중권에 대한 간섭은 비례적이었다. 따라서, 제8조에 의한 청구인의 쟁송은 받아들일 수 없는 것으로 선언되었다.

비자정보시스템(The Visa Information System)

또한 eu-LISA에 의해 운영되는 비자정보시스템(VIS)이 공동EU 비자정책의 이행을 지원하기 위하여 개발되었다.[279] VIS는 셴겐국가들의 외부국경 교차점에 있는 비EU국가들에 위치한 셴겐국가들의 영사관을 연결하는 시스템을 통하여 셴겐국가들이 비자정보를 교환하는 것을 허용한다. VIS는 셴겐지역을 통하여 방문하거나 통과하는 단기비자신청에 관한 정보를 처리한다. VIS는 출입국관리기관이 바이오정보를 이용하여 비자를 신청한 사람이 정당한 소유자인지 여부를 확인할 수 있게 하고, 무서류 또는 가짜서류로 신청한 사람인지를 식별할 수 있게 한다.

---

279 Council of the European Union (2004), Council Decision of 8 June 2004 establishing the Visa Information System (VIS), OJ 2004 L 213; Regulation (EC) No. 767/2008 of the European Parliament and of the Council of 9 July 2008 concerning the Visa Information System (VIS) and the exchange of data between Member States on short-stay visas, OJ 2008 L 218 (*VIS Regulation*); Council of the European Union (2008), Council Decision 2008/633/JHA of June 23 2008 concerning access for consultation of the Visa Information System (VIS) by designated authorities of Member States and by Europol for the purposes of the prevention, detection and investigation of terrorist offences and of other serious criminal offences, OJ 2008 L 218.

비자정보시스템(VIS)과 단기체류비자에 관한 회원국들 간의 정보의 교환에 관한 유럽의회와 이사회의 규칙 767/2008(*VIS규칙*)에 따라서, 신청인, 그 비자, 사진, 지문, 이전 신청과의 연계, 그리고 동반자의 신청파일에 관한 정보만이 VIS에 기록될 수 있다.[280] 정보를 입력, 수정 또는 삭제하기 위하여 VIS에의 접근은 오로지 회원국들의 비자기관들만으로 제한된다. 그에 반해, 정보 조회를 위한 접근은 비자기관들과 외부국경선 교차점, 이민 체크와 망명을 관할하는 기관들에게 부여된다. 일정한 조건 하에서, 관할국가경찰기관과 유로폴은 테러리스트와 범죄의 방지, 탐지와 수사를 위하여 VIS에 입력된 정보에의 접근을 요청할 수 있다.[281]

유로닥(Eurodac)

유로닥의 이름은 지문을 말한다. 그것은 EU회원국들 중의 하나에서 망명신청을 한 제3국 국민들의 지문정보를 포함하는 중앙집중식 시스템이다.[282] 시스템은 2003년 1월부터 작동중이며, 그 목적은

280 Art. 5 of the Regulation (EC) No. 767/2008 of the European Parliament and of the Council of 9 July 2008 concerning the Visa Information System (VIS) and the exchange of data between Member States on short-stay visas (*VIS Regulation*), OJ 2008 L 218.

281 Council of the European Union (2008), Council Decision 2008/633/JHA of June 23 2008 concerning access for consultation of the Visa Information System (VIS) by designated authorities of Member States and by Europol for the purposes of the prevention, detection and investigation of terrorist offences and of other serious criminal offences, OJ 2008 L 218.

282 Council Regulation (EC) No. 2725/2000 of 11 December 2000 concerning the establishment of Eurodac for the comparison of fingerprints for the effective application of the Dublin Convention, OJ 2000 L 316; Council Regulation (EC) No. 407/2002 of 28 February 2002 laying down certain rules to implement

제3국 국민이 회원국들 중의 하나에서 한 망명신청을 심사할 책임이 있는 회원국을 결정하기 위한 기준과 체계를 확립하는 이사회규칙 343/2003(*더블린Ⅱ규칙*)[283]에 의해 개별적인 망명신청을 어느 회원국이 심사할 책임이 있는지의 결정을 지원하는 것이다. 유로닥의 개인정보는 더블린Ⅱ규칙의 적용을 촉진시키기 위하여서만 이용될 수 있으며, 그밖에 이용은 벌칙을 받는다.

유로닥은 지문을 저장하고 비교하기 위하여 eu-LISA가 운영하는 중앙기구와, 회원국 및 중앙데이터베이스 간의 전자정보 전송을 위한 시스템으로 구성된다. 회원국들은 그들의 영토 내에서 망명을 신청하거나 외부국경선의 무단월경으로 체포된 14세 이상의 모든 비EU국민 또는 무국적자의 지문을 채취하여 전송한다. 회원국들은 또한 허가없이 그들의 영토 내에서 체류하다 적발된 비EU국민 또는 무국적자들의 지문을 채취하여 전송할 수 있다.

지문정보는 가명화된 형태로서만 유로닥 데이터베이스에 저장된다. 대조하는 경우에, 지문정보를 전송한 첫 번째 회원국의 이름과 함께, 가명은 두 번째 회원국에 공개된다. 이 두 번째 회원국은 더블린Ⅱ규칙에 따라서 첫 번째 회원국이 망명신청을 처리할 책임이 있기 때문에, 첫 번째 회원국과 접촉하게 될 것이다.

Regulation (EC) No. 2725/2000 concerning the establishment of Eurodac for the comparison of fingerprints for the effective application of the Dublin Convention, OJ 2002 L 62 (*Eurodac Regulations*).

283 Council Regulation (EC) No. 343/2003 of 18 February 2003 establishing the criteria and mechanisms for determining the Member State responsible for examining an asylum application lodged in one of the Member States by a third-country national, OJ 2003 L 50 (*Dublin II Regulation*).

망명신청자와 관련된 유로닥에 저장된 개인정보는 그 정보주체가 EU회원국의 시민권을 획득하지 않는다면, 지문이 채취된 날부터 10년간 보관된다. 이러한 경우에, 정보는 즉시 삭제되어야 한다. 외부국경선의 무단월경으로 체포된 외국인과 관련된 정보는 2년간 저장된다. 이들 정보는 정보주체가 거주허가를 받거나, EU영역을 떠나거나 또는 EU회원국의 시민권을 취득하면 즉시 삭제되어야 한다.

모든 EU회원국들 이외에도, 아이슬란드, 노르웨이, 리히텐슈타인과 스위스도 또한 국제조약에 근거하여 유로닥을 적용한다.

유로수르(Eurosur)

유럽국경감시시스템(Eurosur)[284]은 불법이민과 국경을 넘는 범죄의 탐지, 방지와 싸움에 의하여 센겐 외부국경선의 통제를 강화하고자 하는 것이다. 이것은 국가조정센터들과 통합국경관리라는 새로운 개념을 발전시키고 적용할 책임을 맡고 있는 EU행정기관인 Frontex 간의 정보교환과 운영협력을 강화하는 것을 업무로 한다.[285] 그 일반 목적은 다음과 같다.

- 적발되지 않고 EU에 진입하는 불법이주자의 숫자를 경감시키

284 Regulation (EU) No. 1052/2013 of the European Parliament and of the Council of 22 October 2013 establishing the European Border Surveillance System (Eurosur), OJ 2013 L 295.

285 Regulation (EU) No. 1168/2011 of the European Parliament and of the Council of 25 October 2011 amending Council Regulation (EC) No. 2007/2004 establishing a European Agency for the Management of Operational Cooperation at the External Borders of the Member States of the European Union, OJ 2011 L 394 (*Frontex Regulation*).

는 것 ;

- 바다에서 보다 많은 생명을 구제함으로써 불법이주자의 사망자 숫자를 경감시키는 것 ;
- 국경을 넘는 범죄의 예방에 기여함으로써 EU 전체의 내부 안전을 증가시키는 것.[286]

그것은 외부국경선을 가진 모든 회원국들에서는 2013년 12월 2일에 업무를 시작하였으며, 그밖에 회원국들에서는 2014년 12월 1일부터 시작할 것이다. 규칙은 회원국들의 육지, 해양 외부국경선과 공중국경선의 감시에 적용될 것이다.

관세정보시스템(Customs Information System)

EU차원에서 설치된 또 하나의 중요한 공동정보시스템은 관세정보시스템(CIS)이다.[287] 역내시장을 수립하는 과정에서, EU 역내에서

---

286 See also: European Commission (2008), Communication from the Commission to the European Parliament, the Council, the European Economic and Social Committee and the Committee of the Regions: Examining the creation of a European Border Surveillance System (Eurosur), COM(2008) 68 final, Brussels, 13 February 2008; European Commission (2011), Impact Assessment accompanying the Proposal for a Regulation of the European Parliament and of the Council establishing the European Border Surveillance System (Eurosur), Staff working paper, SEC(2011) 1536 final, Brussels,12 December 2011, p. 18.

287 Council of the European Union (1995), Council Act of 26 July 1995 drawing up the Convention on the use of information technology for customs purposes, OJ 1995 C 316, amended by Council of the European Union (2009), Regulation No. 515/97 of 13 March 1997 on mutual assistance between the administrative authorities of the Member States and cooperation

이동하는 상품에 관하여 모든 체크와 형식주의가 폐지되었으며, 그로 인해 사기의 위험이 더욱 커지게 되었다. 이러한 위험은 회원국들의 관세행정 간의 강화된 협력에 의해 상쇄되었다. CIS의 목적은 국가 및 EU의 관세 및 농업법령의 중대한 위반을 방지하고, 수사하며, 기소함에 있어서 회원국들을 지원하는 것이다.

CIS에 포함된 정보는 상품, 운송수단, 비즈니스, 사람, 물건과 보유·몰수·압류한 현금과 관련된 개인정보로 구성된다. 이 정보는 발견, 보고 또는 특별한 조사의 수행이나 또는 관세조항 위반 혐의를 받는 사람들에 관한 전략적 또는 운영상의 분석을 위하여서만 이용될 수 있다.

CIS에의 접근은 유로폴과 유로저스트는 물론, 국가관세기관, 조세기관, 농업기관, 공중보건기관과 경찰기관들에게도 부여된다.

개인정보의 처리는 정보보호지침, EU기관정보보호규칙, 조약 제108호와 경찰정보권고의 조항들은 물론, 규칙 515/97과 CIS조약[288]에 의해서 설정된 특별규정들도 준수하여야 한다. EDPS는 CIS의 규칙 45/2002의 준수의 감독책임을 맡고 있으며, CIS관련 감독문제를 관할하는 모든 국가정보보호감독기관들과 적어도 일년에 한번 회의를 소집한다.

---

between the latter and the Commission to ensure the correct application of the law on customs and agricultural matters, Council Decision 2009/917/JHA of 30 November 2009 on the use of information technology for customs purposes, OJ 2009 L 323 (*CIS Decision*).

288 *Ibid.*

제8장 그밖에 특별한 유럽정보보호법

EU	관련쟁점	CoE
정보보호지침 프라이버시 및 전자통신에 관한 지침	**전자통신**	조약 제108호 전기통신서비스권고
정보보호지침 제8조 제2항 제b호	**고용관계**	조약 제108호 고용권고
		ECtHR, *Copland v. the United Kingdom*, No. 62617/00, 3 April 2007
정보보호지침 제8조 제3항	**의료정보**	조약 제108호 의료정보권고
		ECtHR, *Z. v. Finland*, No. 22009/93, 25 February 1997
임상시험지침	**임상시험**	
정보보호지침 제6조 제1항 제b호와 제e호, 제13조 제2항	**통계**	조약 제108호 통계정보권고
유럽통계에 관한 규칙 223/2009 CJEU, C-524/06, *Huber v. Germany*, 16 December 2008	**공식적 통계**	조약 제108호 통계정보권고

EU	관련쟁점	CoE
금융상품투자에 관한 지침 2004/39/EC OTC 파생상품, 중앙결제소와 정보저장소에 관한 규칙 648/2012 신용조사기관에 관한 규칙 1060/2009 역내시장에서의 결제서비스에 관한 지침 2007/64/EC	**금융정보**	조약 제108호 결제 및 다른 관련 작용을 위해 이용된 권고 90(19) ECtHR, *Michaud v. France*, No. 12323/11, 6 December 2012

몇 가지 사례에서, 조약 제108호 또는 정보보호지침의 일반규정을 보다 자세하게 특정한 상황에 적용하는 특별법이 유럽차원에서 채택되어 왔다.

8.1. 전자통신(Electronic communications)

요점

- 특히 전화서비스에 관하여, 전기통신분야에서의 정보보호에 관한 특별규정이 1995년부터 CoE권고에 포함되었다.
- EU차원에서 통신서비스의 전달과 관련되는 개인정보의 처리는 프라이버시 및 전자통신에 관한 지침에서 규율된다.
- 전자통신의 비밀성은 통신의 내용에 관계될 뿐만 아니라, 누구와 언제 그리고 얼마 동안 통신을 하였는지에 대한 정보와 같은 트래픽 정보와, 정보가 어디로부터 연락되었는지와 같은 위치정보에도 관계된다.

통신네트워크는 거기서 수행된 통신의 청취와 조사에 대한 기술적 가능성을 추가적으로 제공하기 때문에, 이용자들의 개인적 측면의 부당한 간섭에 대한 가능성이 더욱 커졌다. 그러므로, 특별한 정보보호규칙이 통신서비스 이용자들에게 특별한 위험에 대처하기 위하여 필요한 것으로 간주되었다.

1995년에, CoE는 특히 전화서비스에 관하여, 전기통신분야에서의 정보보호를 위한 권고를 발하였다.[289] 동 권고에 따라서, 전기통신분야에서의 개인정보의 수집 및 처리의 목적은 이용자를 네트워크에 접속시키는 것, 개별적 전기통신서비스를 이용할 수 있게 하는 것, 요금청구, 확인, 최적의 기술적 작동의 보장과 네트워크서비스의 발전으로 제한되어야 한다.

다이렉트마케팅 메시지 전송을 위한 통신네트워크의 이용에 대해서도 또한 특별히 주의하여야 했다. 일반적으로, 다이렉트마케팅 메시지는 광고메시지의 수령에 대해 명시적으로 옵프트 아웃한 가입자에게 보내져서는 안된다. 사전 녹음된 광고메시지의 전송을 위한 자동통화기기는 가입자가 명시적인 동의를 한 경우에만 이용될 수 있다. 국내법은 이 분야에서 세칙을 규정하여야 한다.

1997년에 최초의 시도 이후 EU법체계에 관하여, 프라이버시 및 전자통신에 관한 지침은 전기통신분야에서의 정보보호지침을 보완하고 특별화하기 위한 목적을 가지고, 2002년에 채택되어 2009년에

289 CoE, Committee of Ministers (1995), Recommendation Rec(95)4 to member states on the protection of personal data in the area of telecommunication services, with particular reference to telephone services, 7 February 1995.

개정되었다.[290] 프라이버시 및 전자통신에 관한 지침의 적용은 공공 전자네트워크에서의 통신서비스로 제한된다.

프라이버시 및 전자통신에 관한 지침은 통신 중에 생성된 3가지 주요범주의 정보를 다음과 같이 구분한다.

- 통신 중에 전송된 메시지의 내용을 형성하는 정보 ; 이 정보는 극비이다 ;
- 통신의 상대방, 통신의 시간과 지속기간에 관한 정보와 같은 이른바 트래픽데이터인 통신의 설치와 유지에 필요한 정보 ;
- 트래픽데이터 안에, 특별히 통신기기의 위치와 관련되는 정보, 이른바 위치정보가 있다 ; 이들 정보는 동시에 통신기기의 이용자들의 위치에 관한 정보이며, 모바일통신기기의 이용자들에 관해 특별히 관련이 있다.

트래픽데이터는 요금청구와 기술적인 서비스 제공을 위해서만 서비스제공자에 의해 이용될 수 있다. 그러나, 정보주체의 동의에

---

290 Directive 2002/58/EC of the European Parliament and of the Council of 12 July 2002 concerning the processing of personal data and the protection of privacy in the electronic communications sector, OJ 2002 L 201 (*Directive on privacy and electronic communications*) as amended by Directive 2009/136/EC of the European Parliament and of the Council of 25 November 2009 amending Directive 2002/22/EC on universal service and users' rights relating to electronic communications networks and services, Directive 2002/58/EC concerning the processing of personal data and the protection of privacy in the electronic communications sector and Regulation (EC) No. 2006/2004 on cooperation between national authorities responsible for the enforcement of consumer protection laws, OJ 2009 L 337.

의해 이들 정보는 다음 지하철역의 이용자의 위치 또는 현재 위치에서의 약국이나 일기예보와 관련한 정보를 주는 것과 같은 부가가치서비스를 제공하는 다른 관리자들에게 공개될 수 있다.

범죄수사를 위한 접근과 같은 전자네트워크에서의 통신에 관한 정보에의 다른 접근은, e-Privacy지침 제15조에 따라서 ECHR 제8조 제2항에서 규정되고 헌장 제8조와 제52조에 의해 확인된 바와 같이, 정보보호권에의 간섭이 정당화되기 위해서는 요건을 충족하여야 한다.

프라이버시 및 전자통신에 관한 지침의 2009년 개정[291]은 다음과 같은 내용을 도입하였다.

- 다이렉트마케팅 목적의 email 송부에 대한 제한은 SMS, MMS와 다른 종류의 유사한 응용프로그램으로 확대된다. 따라서, 마케팅 email은 사전동의를 얻지 못하면 금지된다. 이러한 사전동의가 없이는, 이전 고객들이 자기들의 email을 사용하게 하였으며, 반대하지 아니한 경우에 이들 고객에게 마케팅 email을 보낼 수 있다.
- 스팸통신에 대한 금지의 위반에 대한 사법적 구제를 제공할

291 Directive 2009/136/EC of the European Parliament and of the Council of 25 November 2009 amending Directive 2002/22/EC on universal service and users' rights relating to electronic communications networks and services, Directive 2002/58/EC concerning the processing of personal data and the protection of privacy in the electronic communications sector and Regulation (EC) No. 2006/2004 on cooperation between national authorities responsible for the enforcement of consumer protection laws, OJ 2009 L 337.

의무가 회원국들에게 부과되어 있다.[292]

- 이용자의 행위를 감시하고 기록하는 소프트웨어인 쿠키의 설치는 컴퓨터 이용자의 동의가 없다면 더 이상 허용되지 않는다. 국가법은 보호를 충분히 제공하기 위하여, 동의가 어떻게 표시되고 획득되어야 하는지를 보다 상세하게 규정하여야 한다.[293]

권한 없는 접근으로 인해 정보의 유출이 발생한 경우, 정보의 멸실 또는 파손에 대해 즉시 관할 감독기관에게 통보하여야 한다. 정보 유출의 결과로 가입자들에게 손해가 발생할 수 있는 경우에는 가입자들에게 통보를 하여야 한다.[294]

정보보유지침[295](2014년 4월 8일 에 무효화됨. 아래 판례 참조)은 통신사업자들이 요금청구 목적으로 또는 기술적으로 서비스를 제공하기 위하여, 이들 정보를 아직 필요한 것인지 여부와 관계없이 6개월 이상 24개월 이하의 기간 동안 특히 중대범죄와의 전투를 위하여 트래픽데이터를 계속해서 이용할 수 있도록 하는 의무를 부과하였다.

---

292 See the amended Directive, Art. 13.

293 See *Ibid.*, Art. 5; see also Article 29 Working Party (2012), *Opinion 04/2012 on cookie consent exemption*, WP 194, Brussels, 7 June 2012.

294 See also Article 29 Working Party (2011), *Working Document 01/2011 on the current EU personal data breach framework and recommendations for future policy developments*, WP 184, Brussels, 5 April 2011.

295 Directive 2006/24/EC of the European Parliament and of the Council of 15 March 2006 on the retention of data generated or processed in connection with the provision of publicly available electronic communications services or of public communications networks and amending Directive 2002/58/EC, OJ 2006 L 105.

EU회원국들은 보존된 정보의 보안을 감시할 책임이 있는 독립적 공공기관을 지명하여야 한다.

전기통신정보의 보존은 정보보호권을 간섭하는 것이 명백하다.[296] 몇몇 EU회원국들의 재판절차에서 이러한 간섭이 정당화되는지 여부가 다투어져왔다.[297]

> 사례 : *Digital Rights Ireland and Seitlinger and Others* 사건[298]에서, CJEU는 정보보유지침이 무효라고 선언하였다. 재판소에 따르면, “문제의 기본권에 대한 광범위하고도 특히 중대한 간섭이, 그러한 간섭이 실제로 엄격히 필요한 것으로 제한된다는 것을 보장하도록 충분히 획정되지 않았다.”

전자통신에서 중요한 문제는 공공기관에 의한 간섭이다. 도청기기와 같은 통신의 감시 또는 간섭의 수단은 이것이 법률에 의해 규정되어 있고, 그것이 국가안보, 공공의 안전, 국가의 금전적 이익 또는 범죄의 진압을 보호하고, 또는 정보주체나 타인들의 권리와 자유를 보호하기 위하여 민주사회에서 필요한 조치를 형성하는 경

296 EDPS (2011), *Opinion of 31 May 2011 on the Evaluation report from the Commission to the Council and the European Parliament on the Data Retention Directive (Directive 2006/24/EC)*, 31 May 2011.

297 Germany, Federal Constitutional Court (*Bundesverfassungsgericht*), 1 BvR 256/08, 2 March 2010; Romania, Federal Constitutional Court (*Curtea Constituþională a României*), No. 1258, 8 October 2009; the Czech Republic, Constitutional Court (*Ústavní soud České republiky*), 94/2011 Coll., 22 March 2011.

298 CJEU, Joined cases C-293/12 and C-594/12, *Digital Rights Ireland and Seitlinger and Others*, 8 April 2014, para. 65.

우에만 허용될 수 있다.

사례 : *Malone v. the United Kingdom* 사건[299]에서, 청구인은 장물 취급과 관련되는 다수의 범죄로 기소되었다. 재판 과정에서, 청구인의 전화통화가 내무부장관이 발행한 영장에 의해 도청된 것이 드러났다. 청구인의 통화가 도청된 방식은 국내법의 측면에서 적법하였지만, ECtHR는 이 분야에서 공공기관들이 향유한 재량행사의 범위와 방식에 관한 법규정이 없었으며, 문제의 관행의 존재로부터 발생하는 간섭은 따라서 '법률에 일치하지' 않았다고 판결하였다. 재판소는 ECHR 제8조의 위반이 있었다고 판결하였다.

8.2. 고용정보(Employment data)

요점

- 고용관계에서의 정보보호의 특별규정은 CoE 고용정보권고에 포함되어 있다.
- 정보보호지침에서, 고용관계는 민감정보의 처리의 측면에서만 특별히 규정되어 있다.
- 고용인들에 관한 정보의 처리를 위한 법적 근거로서의 동의-이는 자유롭게 부여되었어야 한다-의 효력은 고용주와 고용인 간의 경제적 불균형을 고려할 때 의심을 받을 수 있다. 동의를 할 때의 상황은 신중하게 평가되어야 한다.

299 ECtHR, *Malone v. the United Kingdom*, No. 8691/79, 2 August 1984.

고용 측면에서 처리하는 정보를 규율하는 EU의 특별한 법적 체계는 없다. 정보보호지침에서, 고용관계는 민감정보의 처리와 관련되는 지침 제8조 제2항에서만 특별히 언급되어 있다. CoE에 관해서는 고용정보권고가 1989년에 발령되었으며, 현재 업데이트되고 있다.[300]

고용관계에 특유한 가장 공통적인 정보보호문제는 제29조작업반의 작업문서에서 개관할 수 있다.[301] 작업반은 고용정보의 처리의 법적 근거로서 동의의 의미를 분석하였다.[302] 작업반은 동의를 요청하는 고용주와 동의하는 고용인 간의 경제적 불균형으로 인하여, 동의가 자유롭게 이루어졌는지 여부에 대해 의문이 제기되는 경우가 종종 발생할 것이라는 점을 인정하였다. 따라서, 동의가 요청될 때의 상황이 고용관계에서 동의의 효력을 평가할 때 신중하게 고려되어야 한다.

오늘날의 전형적인 작업환경에서 공통적인 정보보호문제는 작업장 내에서의 고용인들의 전자통신의 감시의 정당한 범위이다.

---

300 Council of Europe, Committee of Ministers (1989), Recommendation Rec(89)2 to member states on the protection of personal data used for employment purposes, 18 January 1989. See further Consultative Committee to Convention 108, Study on Recommendation No. R (89) 2 on the protection of personal data used for employment purposes and to suggest proposals for the revision of the above-mentioned Recommendation, 9 September 2011.

301 Article 29 Working Party (2001), *Opinion 8/2001 on the processing of personal data in the employment context*, WP 48, Brussels, 13 September 2001.

302 Article 29 Working Party (2005), *Working document on a common interpretation of Article 26(1) of Directive 95/46/EC of 24 October 1995*, WP 114, Brussels, 25 November 2005.

이 문제는 근무 중일 때 통신시설의 사적 이용을 금지함으로써 쉽게 해결될 수 있다고 주장되는 경우가 종종 있다. 그러나, 이러한 일반적인 금지는 비례적이지 않으며, 비현실적일 수 있다. 다음의 ECtHR의 판결이 이러한 의미에서 특히 흥미롭다.

> 사례 : *Copland v. UK* 사건[303]에서, 사적인 용도로 대학시설을 과도하게 사용하는지를 확인하기 위하여 대학교직원의 전화, email과 인터넷 사용이 비밀리에 감시되었다. ECtHR는 사업상의 전화통화는 사생활과 사적 교신의 관념에 해당된다고 판결하였다. 따라서, 인터넷의 사적 사용의 감시로부터 생성된 정보뿐만 아니라 업무상 받은 그러한 통화와 email도 ECHR 제8조에 의해 보호되었다. 청구인의 경우에, 고용주가 고용인들의 전화, email과 인터넷의 이용을 감시할 수 있는 상황을 규율하는 규정은 존재하지 않았다. 그러므로, 간섭은 법률에 일치하지 않았다. 재판소는 ECHR 제8조의 위반이 있었다고 결정하였다.

CoE 고용권고에 따르면, 고용목적으로 수집된 개인정보는 직접적으로 개별 고용인으로부터 취득되어야 한다.

채용을 위해 수집된 개인정보는 채용후보자의 적합성과 그 직업적 수행능력의 평가에 필요한 정보로 제한되어야 한다.

권고는 또한 개별 고용인들의 업무수행능력과 관련되는 판단정

303 ECtHR, *Copland v. the United Kingdom*, No. 62617/00, 3 April 2007.

보에 대해 특별히 언급하고 있다. 판단정보는 공정하고 정직한 평가에 근거하여야 하며, 그것이 구체화되는 방식에 있어서 모욕적인 것이어서는 안된다. 이것은 공정한 정보의 처리와 정보의 정확성의 원칙에 의해 요구된다.

고용주-고용인 관계에서의 정보보호법의 특별한 측면은 고용인들의 대표자의 역할이다. 그러한 대표자들은 고용인들의 이익을 대표하도록 허용하는 것이 필요한 경우에만 고용인들의 개인정보를 수취할 수 있다.

고용목적을 위해 수집된 민감한 개인정보는 특별한 경우에 국내법에 의해 규정된 안전장치에 따라서 처리될 수 있을 뿐이다. 고용주들은 고용인들이나 취업신청자들에게 그들의 건강상태에 대해 질문할 수 있거나, 또는 고용을 위해 적합성을 결정하는데 필요하거나 예방의학의 요건을 충족하는데 필요하거나 또는 사회적 급부를 지급받는데 필요한 경우에만 의학적으로 민감한 개인정보를 검사할 수 있다. 건강정보는 명시적이고 사전 정보를 제공받고서 한 동의를 얻거나 또는 국가법이 그것을 규정할 때 이외에는 관련 고용인이 아닌 출처로부터 수집될 수 없다.

고용권고에 의하여, 고용인들은 자기들의 개인정보의 처리의 목적, 저장된 개인정보의 유형, 정보가 정기적으로 전달되는 단체와 그러한 전달의 목적과 법적 근거에 대해 통지받아야 한다. 고용주들은 또한 고용인들의 개인정보의 처리를 위하거나 또는 고용인들의 움직임이나 생산성을 감시하기 위한 자동화된 시스템의 도입이나 적응에 대해 미리 고용인들에게 통보하여야 한다.

고용인들은 정정권이나 삭제권은 물론 고용정보에의 접근권을 가져야 한다. 판단정보가 처리된다면, 고용인들은 나아가 판단을 다툴 권리를 가져야 한다. 그러나, 이들 권리는 내부조사를 위하여 일시적으로 제한될 수 있다. 고용인에게 개인고용정보의 접근, 정정 또는 삭제가 부정된다면, 국가법은 그러한 부정을 다툴 적절한 절차를 규정하여야 한다.

8.3. 의료정보(Medical data)

요점

- 의료정보는 민감정보이기 때문에 특별한 보호를 받는다.

정보주체의 건강상태에 관한 개인정보는 정보보호지침 제8조 제1항과 조약 제108호 제6조에 의하여 민감정보로 분류된다. 의료정보는 비민감정보보다 엄격한 정보처리제도의 적용을 받는다.

사례 : *Z. v. Finland* 사건[304]에서, HIV에 감염된 청구인의 전 남편은 다수의 성범죄를 범하였다. 이후에, 그는 고의로 희생자

304 ECtHR, *Z. v. Finland*, No. 22009/93, 25 February 1997, paras. 94 and 112; see also ECtHR, *M.S. v. Sweden*, No. 20837/92, 27 August 1997; ECtHR, *L.L. v. France*, No. 7508/02, 10 October 2006; ECtHR, *I. v. Finland*, No. 20511/03, 17 July 2008; ECtHR, *K.H. and others v. Slovakia*, No. 32881/04, 28 April 2009; ECtHR, *Szuluk v. the United Kingdom*, No. 36936/05, 2 June 2009.

들을 HIV감염의 위기에 노출시켰다는 것을 근거로 하여 살인죄의 유죄판결을 받았다. 국가법원은 판결 전문과 사건기록에 대해 청구인이 보다 장기간 비밀로 해줄 것을 청구하였음에도 10년간 비밀로 유지할 것을 명령하였다. 이들 청구는 항소법원에 의해 기각되었고, 그 판결에는 청구인과 전 남편의 이름 전부가 포함되었다. ECtHR는 많은 사회영역에서 이러한 상태에 붙는 낙인을 감안할 때, 특히 HIV 감염에 관한 정보에 대해서 의료정보의 보호가 사생활 및 가정생활 존중권의 향유에 대해서 근본적으로 중요하기 때문에, 간섭이 민주사회에서 필요하다고 간주되지 않는다고 판결하였다. 그러므로, 재판소는 판결 선고일 후 단지 10년의 기간 후에 항소심 판결에 기술된 청구인의 신원과 의료상태에 접근을 허용하는 것은 ECHR 제8조를 위반한다고 결정하였다.

예방의학, 의료진단, 케어나 치료의 제공, 또는 헬스케어서비스의 경영을 위하여 이것이 요구되는 경우에, 정보보호지침 제8조 제3항은 의료정보의 처리를 고려한다. 그러나, 직업상의 비밀준수의무를 부담하는 헬스케어 전문가나 또는 동등한 의무를 부담하는 다른 사람에 의해 수행되는 경우에만 처리가 허용될 수 있다.[305]

1997년 CoE 의료정보권고는 조약 제108호의 원칙들을 보다 상세하게 의료분야에서의 정보처리에 적용하고 있다.[306] 제안된 규정

305 See also ECtHR, *Biriuk v. Lithuania*, No. 23373/03, 25 November 2008.
306 CoE, Committee of Ministers (1997), Recommendation Rec(97)5 to member

들은 의료정보 처리의 정당한 목적, 건강정보를 이용하는 사람들의 필요한 직업상의 비밀유지의무, 그리고 정보주체들의 투명성과 접근, 정정 및 삭제에 대한 권리에 관하여 정보보호지침의 규정들과 일치한다. 더구나, 헬스케어 전문가들이 적법하게 처리한 의료정보는 "ECHR 제8조에 의해 보장된 사생활의 존중과 일치하지 않는 공개를 금지할 충분한 안전장치"가 규정되어 있지 않다면, 법집행기관들에게 이전될 수 없다.[307]

또한, 의료정보권고는 태아와 금치산자의 의료정보와 유전자정보의 처리에 관한 특별규정을 포함하고 있다. 과학적 연구는 보통 익명화가 요구되는 것이 일반적이지만, 필요 이상으로 장기간 정보를 보존할 이유로서 명백히 인정되고 있다. 의료정보권고 제12조는 연구자들이 개인정보를 필요로 하고, 익명화된 정보가 불충분한 상황에 대해 상세한 규칙을 제안하고 있다.

가명화는 과학적 필요를 충족시킴과 동시에 관련환자들의 이익을 보호하는 적절한 수단이 될 수 있다. 정보보호에서의 가명화의 개념은 2.1.3.에서 보다 상세하게 설명되고 있다.

전자건강파일에서의 환자의 치료에 관한 정보를 저장하는 이니셔티브에 대해 국가차원과 유럽차원에서 집중적인 토론을 하여왔다.[308] 전자건강파일의 국가시스템을 가지는 것의 특별한 측면은 국

---

states on the protection of medical data, 13 February 1997.

307 ECtHR, No. 1585/09, *Avilkina and Others v. Russia*, No. 1585/09, 6 June 2013, para. 53 (not final).

308 Article 29 Working Party (2007), *Working Document on the processing of*

경을 넘는 이용가능성이다. 이것은 국경을 넘는 헬스케어의 측면에서 EU 역내에서 특별히 흥미로운 주제이다.[309]

새로운 조항에 관하여 토론중인 다른 분야는 임상시험이며, 다시 말하자면, 문서화된 연구환경에서 환자들에 대해 새로운 의약을 시험하는 것이다. 또한, 이 주제는 정보보호의 의미를 상당히 가지고 있다. 인간의 사용을 위한 의료제품에 관한 임상시험은 인간사용을 위한 의료제품에 관한 임상시험을 함에 있어서 좋은 임상실습의 이행과 관련되는 회원국들의 법률, 규칙과 행정입법의 접근에 대한 2001년 4월 4일의 유럽의회와 이사회의 지침 2001/20/EC(*임상시험지침*)[310]에 의해 규율되고 있다. 2012년 12월에, 유럽위원회는 시험절차를 보다 통일적이고 효율적으로 만들기 위한 목적으로 임상시험지침을 대체하는 규칙을 제안하였다.[311]

건강 영역에서 개인정보에 관하여 EU차원에서 현안의 다른 많은 입법과 이니셔티브가 있다.[312]

---

personal data relating to health in electronic health records (EHR), WP 131, Brussels, 15 February 2007.

309 Directive 2011/24/EU of the European Parliament and of the Council of 9 March 2011 on the application of patients' rights in cross-border healthcare, OJ 2011 L 88.

310 Directive 2001/20/EC of the European Parliament and of the Council of 4 April 2001 on the approximation of the laws, regulations and administrative provisions of the Member States relating to the implementation of good clinical practice in the conduct of clinical trials on medicinal products for human use, OJ 2001 L 121.

311 European Commission (2012), *Proposal for a Regulation of the European Parliament and of the Council on clinical trials on medicinal products for human use, and repealing Directive 2001/20/EC*, COM(2012) 369 final, Brussels, 17 July 2012.

8.4. 통계목적의 정보처리 (Data processing for statistical purposes)

요점

- 통계목적으로 수집된 정보는 다른 목적으로 이용될 수 없다.
- 어떤 목적으로 정당하게 수집된 정보는 이용자들이 충족할 적절한 안전장치를 국가법이 규정하고 있다면, 통계목적을 위하여 추가적으로 이용될 수 있다. 이러한 목적을 위하여, 제3자에의 전송 전에 특히 익명화나 가명화가 상정되어야 한다.

정보보호지침에서, 통계목적의 정보 처리는 정보보호의 원칙으로부터 적용면제될 수 있는 것으로 규정되어 있다. 지침 제6조 제1항 제b호에서, 목적 제한의 원칙은 국가법이 또한 모든 필요한 안전장치를 규정하여야 하지만, 통계목적을 위한 정보의 추가적 이용을 위하여 국가법에 의해 보류될 수 있다. 지침 제13조 제2항은 정보가 오로지 통계목적을 위하여 처리된다면, 국가법에 의한 접근권의 제한을 허용하고 있다. 그러나, 또한 적정한 안전장치가 국가법에 존재하여야 한다. 이러한 의미에서, 정보보호지침은 통계조사 과정에서 취득되거나 생성된 정보는 정보주체에 대한 구체적 결정을 위해 이용될 수 없다는 특별요건을 설정하고 있다.

---

312 EDPS (2013), *Opinion of the European Data Protection Supervisor on the Communication from the Commission on 'eHealth Action Plan 2012-2020 – Innovative healthcare for the 21st century'*, Brussels, 27 March 2013.

어떠한 목적을 위하여 관리자가 적법하게 수집한 정보는 그 자신의 통계목적–이른바 제2차 통계–을 위하여 이 관리자에 의해 재이용될 수 있지만, 정보주체가 동의하였거나 또는 국가법에 의해 특별히 규정되어 있는 경우가 아니라면, 통계목적을 위하여 제3자에게 전송하기 전에, 그 정보는 문맥에 따라서 익명화되거나 가명화되어야 한다. 이것은 정보보호지침 제6조 제1항 제b호에 의한 적절한 안전장치의 요건에 따른 것이다.

통계목적을 위한 정보의 이용에서 가장 중요한 사례들은 공식적 통계에 관한 국가법 및 EU법에 근거하여 국가통계부서와 EU통계부서가 수행한 공식적 통계이다. 이들 법률에 따르면, 시민들과 사업자들은 통계기관에 정보를 공개할 의무를 지는 것이 일반적이다. 통계부서에서 근무하는 공무원들은 특별히 직업상의 비밀유지의무에 의한 기속을 받는다. 이것은 정보가 통계기관에게 이용될 수 있으려면, 필요로 하는 시민의 신뢰를 높은 수준에서 확보하기 위해 이러한 비밀유지의무가 필수적이기 때문이다.

유럽통계에 관한 규칙 223/2009(유럽통계규칙)은 공식적 통계에서의 정보보호를 위한 필수적 규정들을 포함하고 있으며, 따라서, 또한 국가차원에서 공식적 통계에 관한 규정에 대해서도 관련되는 것으로 간주될 수 있다.[313]

313 Regulation (EC) No. 223/2009 of the European Parliament and of the Council of 11 March 2009 on European statistics and repealing Regulation (EC, Euratom) No. 1101/2008 of the European Parliament and of the Council on the transmission of data subject to statistical confidentiality to the Statistical Office of the European Communities, Council Regulation (EC) No.

규칙은 공식적 통계작업이 대단히 엄격한 법적 근거를 필요로 한다는 원칙을 유지하고 있다.[314]

사례 : *Huber v. Germany* 사건[315]에서, CJEU는 통계목적을 위하여 기관에 의한 개인정보의 수집과 저장은 그 자체로 처리가 적법하게 되는 충분한 이유는 아니라고 판결하였다. 개인정보의 처리를 규정하고 있는 법률은 또한 필요성의 요건을 충족할 것이 필요하였지만, 주어진 문맥에서는 그러한 경우가 아니었다.

CoE에서, 1997년에 공표된 통계정보권고는 공적 및 사적 영역에서의 통계의 수행을 그 대상으로 한다.[316] 동 권고는 상술한 정보보호지침의 주요규정들과 일치하는 원칙들을 도입하였다. 다음 문제들에 관하여 보다 상세한 규정들이 이루어졌다.

관리자가 통계목적을 위하여 수집한 정보는 다른 목적을 위하여

322/97 on Community Statistics, and Council Decision 89/382/EEC, Euratom establishing a Committee on the Statistical Programmes of the European Communities, OJ 2009 L 87.

314 이 원칙은 유럽통계규칙 제11조에 의하여, 개인정보의 사려깊은 이용을 포함하여 공식적 통계를 수행하는 방법에 관한 윤리적 안내를 하는 유로스탯(Eurostat)의 행동강령에서 보다 자세하게 기술되어야 한다. 관련 자료는 다음 사이트에서 이용할 수 있다.
http://epp.eurostat.ec.europa.eu/portal/page/portal/about_eurostat/introduction.

315 CJEU, C-524/06, *Huber v. Germany*, 16 December 2008; see especially para. 68.

316 Council of Europe, Committee of Ministers (1997), Recommendation Rec(97)18 to member states on the protection of personal data collected and processed for statistical purposes, 30 September 1997.

이용될 수 없지만, 비통계목적을 위하여 수집된 정보는 추가적으로 통계적 사용을 위하여 이용될 수 있다. 통계정보권고는 통계목적만을 위한다면 제3자에의 정보의 전송도 허용하고 있다. 그러한 경우에, 당사자들은 통계를 위하여 정당하고 추가적인 이용의 범위에 대해 합의하고 이를 기재하여야 한다. 이것은 정보주체의 동의를 대체할 수 없기 때문에, 전송 전에 정보를 익명화하거나 가명화할 의무와 같이, 개인정보 오용의 위험을 최소화할 추가적인 적절한 안전장치가 국가법에 규정되어야 한다는 것이 추정될 수 있다.

직업상 통계조사를 취급하는 사람들은 국가법에 의하여 특별한 직업상의 비밀유지의무–공식적 통계에 있어서 전형적인 것처럼–에 의한 기속을 받는다. 이것은 또한 정보주체나 다른 사람들로부터 정보를 수집할 때 면접담당자들이 고용이 된다면 그들에게도 확장되어야 한다.

개인정보를 이용하는 통계조사가 법률에 의해 규정되어 있지 않다면, 그것을 적법하게 하기 위해서는 정보주체들이 그들의 정보의 이용을 동의하여야 하거나, 또는 적어도 반대할 기회를 가져야 한다. 개인정보가 통계목적을 위하여 사람들을 인터뷰함으로써 수집된다면, 이 사람들은 정보를 공개하는 것이 국가법에 의하여 의무에 속하는지 여부에 대하여 명확하게 통지받아야 한다. 민감정보는 국가법에 의하여 명시적으로 허용되는 경우가 아니라면, 개인이 식별될 수 있는 방식으로 수집되어서는 안된다.

통계조사는 익명정보로만 수행될 수 있는데 개인정보가 사실 필요한 경우에, 이러한 목적을 위해 수집된 정보는 가능한 한 빨리 익명화되어야 한다. 통계조사의 결과는, 명백하게 아무런 위험을 야기하지 않는 경우가 아니라면, 정보주체의 식별을 허용하여서는 안된다.

통계분석이 종결된 다음, 이용된 개인정보는 삭제되거나 익명으로 되어야 한다. 이러한 경우에, 통계정보권고는 식별정보가 다른 개인정보와 분리하여 저장되어야 할 것을 제안한다. 예컨대, 이것은 정보는 가명화되어야 하고, 암호화키나 식별암호문 리스트가 가명화된 정보와 분리하여 저장되어야 한다는 것을 의미한다.

8.5. 금융정보(Financial data)

요점

- 금융정보는 조약 제108호나 정보보호지침에서 민감정보는 아니지만, 그것의 처리에는 정확성과 정보보안을 보장할 특별한 안전장치가 필요하다.
- 전자결제시스템은 내장된 정보보호, 이른바 디자인에 의한 프라이버시를 필요로 한다.
- 특별한 정보보호문제는 이 분야에서 적절한 인증제도가 정비될 필요로부터 발생한다.

사례 : *Michaud v. France* 사건[317]에서, 프랑스 변호사인 청구인은 프랑스법에 의해 규정된 고객의 돈세탁행위 혐의에 대한 보고의무를 다퉜다. ECtHR는 그 사람과 정보교환을 통하여 소유하게 된 다른 사람에 관한 정보를 행정기관에 보고하도록 변호사에게 요구하는 것은 그 개념이 직업이나 사업적 성질의 활동도 그 대상으로 하고 있기 때문에, ECHR 제8조에 의한 변호사들의 교신 및 사생활 존중권에 대한 간섭을 형성한다고 말하였다. 그러나, 간섭은 법률에 일치하였으며, 정당한 목적, 다시 말하자면 혼란과 범죄의 예방을 추구하였다. 변호사들은 대단히 제한적인 상황에서만 혐의를 보고할 의무를 지기 때문에, ECtHR는 이러한 의무는 비례적이라고 판결하고, 제8조의 위반이 없었다고 결정하였다.

CoE는 1990년의 권고 Rec(90)19[318]에서 조약 제108호에 포함된 정보보호의 일반법제도를 결제분야에 적용하게 되었다. 동 권고는 결제, 특히 결제카드에 의한 결제분야에서 정보의 적법한 수집과 이용의 범위를 명확히 한 것이다. 그것은 나아가 국내입법자들에게 결제정보의 제3자에의 전송의 한계, 정보보존의 기한, 투명성, 정보

317 ECtHR, *Michaud v. France*, No. 12323/11, 6 December 2012; see also ECtHR, *Niemietz v. Germany*, No. 13710/88, 16 December 1992, para. 29, and ECtHR, *Halford v. the United Kingdom*, No. 20605/92, 25 June 1997, para. 42.

318 CoE, Committee of Ministers (1990), Recommendation No. R(90)19 on the protection of personal data used for payment and other related operations, 13 September 1990.

보안 및 국경을 넘는 정보유통과, 마지막으로, 감독과 권리구제에 관한 상세한 규정을 제안하고 있다. 제안된 해법들은 나중에 정보보호지침에서의 EU의 일반정보보호체계로서 규정된 것과 일치한다.

금융상품시장과 신용조사기관 및 투자회사들의 활동을 규율하기 위하여 다수의 법규범들이 제정되고 있다.[319] 다른 법규범들은 내부자거래 및 시장조작과의 싸움을 지원하고 있다.[320] 이들 분야에서 정보보호에 영향을 미치는 가장 중요한 과제들은 다음과 같다.

- 금융거래에 관한 기록의 보존 ;
- 개인정보의 제3자에의 이전 ;

---

319 European Commission (2011), *Proposal for a Directive of the European Parliament and of the Council on markets in financial instruments repealing Directive 2004/39/EC of the European Parliament and of the Council*, COM(2011) 656 final, Brussels, 20 October 2011; European Commission (2011), *Proposal for a Regulation of the European Parliament and of the Council on markets in financial instruments and amending Regulation [EMIR] on OTC derivatives, central counterparties and trade repositories*, COM(2011) 652 final, Brussels, 20 October 2011; European Commission (2011), *Proposal for a Directive of the European Parliament and of the Council on the access to the activity of credit institutions and the prudential supervision of credit institutions and investment firms and amending Directive 2002/87/EC of the European Parliament and of the Council on the supplementary supervision of credit institutions, insurance undertakings and investment firms in a financial conglomerate*, COM(2011) 453 final, Brussels, 20 July 2011.

320 European Commission (2011), *Proposal for a Regulation of the European Parliament and of the Council on insider dealing and market manipulation (market abuse)*, COM(2011) 651 final, Brussels, 20 October 2011; European Commission (2011), *Proposal for a Directive of the European Parliament and of the Council on criminal sanctions for insider dealing and market manipulation*, COM(2011) 654 final, Brussels, 20 October 2011.

- 관할기관들이 전화 및 정보 트래픽기록을 청구할 권한을 포함하여, 전화통화 또는 전자통신의 기록 ;
- 제재의 공표를 포함하여, 개인정보의 공개 ;
- 현장조사와 문서 압류를 위해 사적 영내에의 출입을 포함하여, 관할기관들의 감독권 및 조사권
- 유출보고제도, 즉, 내부고발제도 ; 그리고
- 회원국들의 관할기관과 유럽증권시장감독청(ESMA) 간의 협력

이 분야에서는 또한 정보주체들의 금융상의 지위[321] 또는 예금이체에 의한 국경을 넘는 결제[322]－그런데, 여기에는 반드시 개인정보의 유통을 가져온다－에 관한 정보의 수집을 포함하여, 구체적으로 제기되는 그밖에 문제들이 있다.

321 Regulation (EC) No. 1060/2009 of the European Parliament and of the Council of 16 September 2009 on credit rating agencies, OJ 2009 L 302; European Commission, *Proposal for a Regulation of the European Parliament and of the Council on amending Regulation (EC) No. 1060/2009 on credit rating agencies*, COM(2010) 289 final, Brussels, 2 June 2010.

322 Directive 2007/64/EC of the European Parliament and of the Council of 13 November 2007 on payment services in the internal market amending Directives 97/7/EC, 2002/65/EC, 2005/60/EC and 2006/48/EC and repealing Directive 97/5/EC, OJ 2007 L 319.

참고문헌(Further reading)

제1장

Araceli Mangas, M. (ed.) (2008), *Carta de los derechos fundamentales de la Unión Europea*, Bilbao, Fundación BBVA.

Berka, W. (2012), *Das Grundrecht auf Datenschutz im Spannungsfeld zwischen Freiheit und Sicherheit*, Vienna, Manzsche Verlags- und Universitätsbuchhandlung.

EDRi, *An introduction to data protection*, Brussels, available at: www.edri.org/files/paper06_datap.pdf.

Frowein, J. and Peukert, W. (2009), *Europäische Menschenrechtskonvention*, Berlin, N. P. Engel Verlag.

Grabenwarter, C. and Pabel, K. (2012), *Europäische Menschenrechtskonvention*, Munich, C. H. Beck.

Harris, D., O'Boyle, M., Warbrick, C. and Bates, E. (2009), *Law of the European Convention on Human Rights*, Oxford, Oxford University Press.

Jarass, H. (2010), *Charta der Grundrechte der Europäischen Union*, Munich, C. H. Beck.

Mayer, J. (2011), *Charta der Grundrechte der Europäischen Union*, Baden-Baden, Nomos.

Mowbray, A. (2012), *Cases, materials, and commentary on the European Convention on Human Rights*, Oxford, Oxford University Press.

Nowak, M., Januszewski, K. and Hofstätter, T. (2012), *All human rights for all - Vienna manual on human rights*, Antwerp, intersentia N. V., Neuer Wissenschaftlicher Verlag.

Picharel, C. and Coutron, L. (2010), *Charte des droits fondamentaux de l'Union européenne et convention européenne des droits de l'homme*, Brussels, Emile Bruylant.

Simitis, S. (1997), 'Die EU-Datenschutz-Richtlinie - Stillstand oder Anreiz?', *Neue Juristische Wochenschrift*, No. 5, pp. 281-288.

Warren, S. and Brandeis, L. (1890), 'The right to privacy', *Harvard Law Review*, Vol. 4, No. 5, pp. 193-220, available at: http://www.english.illinois.edu/-people-/faculty/debaron/582/582%20readings/right%20to%20privacy.pdf.

White, R. and Ovey, C. (2010), *The European Convention on Human Rights*, Oxford, Oxford University Press.

제2장

Carey, P. (2009), *Data protection: A practical guide to UK and EU law*, Oxford, Oxford University Press.

Delgado, L. (2008), *Vida privada y protección de datos en la Unión Europea*, Madrid, Dykinson S. L.

Desgens-Pasanau, G. (2012), *La protection des données a caractere personnel*, Paris, LexisNexis.

Di Martino, A. (2005), *Datenschutz im europäischen Recht*, Baden-Baden, Nomos.

Morgan, R. and Boardman, R. (2012), *Data protection strategy: Implementing data protection compliance*, London, Sweet & Maxwell.

Ohm, P. (2010), 'Broken promises of privacy: Responding to the surprising failure of anonymization', *UCLA Law Review*, Vol. 57, No. 6, pp. 1701-1777.

Tinnefeld, M., Buchner, B. and Petri, T. (2012), *Einführung in das Datenschutzrecht: Datenschutz und Informationsfreiheit in europäischer Sicht*, Munich, Oldenbourg Wissenschaftsverlag.

United Kingdom Information Commissioner's Office (2012), *Anonymisation: managing data protection risk. Code of practice*, available at: www.ico.org.uk/for_organisations/data_protection/topic_guides/anonymisation.

제3장 - 제5장

Brühann, U. (2012), 'Richtlinie 95/46/EG zum Schutz natürlicher Personen bei der Verarbeitung personenbezogener Daten und zum freien Datenverkehr' in: Grabitz, E., Hilf, M. and Nettesheim, M. (eds.), *Das Recht der Europäischen Union*, Band IV, A. 30, Munich, C. H. Beck.

Conde Ortiz, C. (2008), *La protección de datos personales*, Cadiz, Dykinson.

Coudray, L. (2010), *La protection des données personnelles dans l'Union européenne*, Saarbrucken, Éditions universitaires européennes.

Dammann, U. and Simitis, S. (1997), *EG-Datenschutzrichtlinie*, Baden-Baden, Nomos.

FRA (European Union Agency for Fundamental Rights) (2010), *Data Protection in the European Union: the role of National Data Protection Authorities (Strengthening the fundamental rights architecture in the EU II)*, Luxembourg, Publications Office of the European Union (Publications Office).

FRA (2010), *Developing indicators for the protection, respect and promotion of the rights of the child in the European Union* (Conference edition), Vienna, FRA.

FRA (2011), *Access to justice in Europe: an overview of challenges and opportunities*, Luxembourg, Publications Office.

Simitis, S. (2011), *Bundesdatenschutzgesetz*, Baden-Baden, Nomos.

United Kingdom Information Commissioner's Office, *Privacy Impact Assessment*, available at: www.ico.org.uk/for_organisations/data_protection/topic_guides/privacy_impact_assessment.

제6장

Gutwirth, S., Poullet, Y., De Hert, P., De Terwangne, C. and Nouwt, S. (2009), *Reinventing data protection?*, Berlin, Springer.

Kuner, C. (2007), *European data protection law*, Oxford, Oxford University Press.

Kuner, C. (2013), *Transborder data flow regulation and data privacy law*, Oxford, Oxford University Press.

제7장

Europol (2012), *Data Protection at Europol*, Luxembourg, Publications Office, available at: www.europol.europa.eu/sites/default/files/publications/europol_dpo_booklet_0.pdf.

Eurojust, *Data protection at Eurojust: A robust, effective and tailor-made regime*, The Hague, Eurojust.

Drewer, D. and Ellermann, J. (2012), *Europol's data protection framework as an asset in the fight against cybercrime*, ERA Forum, Vol. 13, No. 3, pp. 381-395.

Gutwirth, S., Poullet, Y. and De Hert, P. (2010), *Data protection in a profiled world*, Dordrecht, Springer.

Gutwirth, S., Poullet, Y., De Hert, P. and Leenes, R. (2011), *Computers, privacy and data protection: An element of choice*, Dordrecht, Springer.

Konstadinides, T. (2011), *Destroying democracy on the ground of defending it? The Data Retention Directive, the surveillance state and our constitutional ecosystem*, European Law Review, Vol. 36, No. 5, pp. 722-776.

Santos Vara, J. (2013), *The role of the European Parliament in the conclusion of the Transatlantic Agreements on the transfer of personal data after Lisbon*, Centre for the Law of External Relations, CLEER Working Papers 2013/2, available at: www.asser.nl/upload/documents/20130226T013310-cleer_13-2_web.pdf.

제8장

Büllesbach, A., Gijrath, S., Poullet, Y. and Hacon, R. (2010), *Concise European IT law*, Amsterdam, Kluwer Law International.

Gutwirth, S., Leenes, R., De Hert, P. and Poullet, Y. (2012), *European data protection: In good health?*, Dordrecht, Springer.

Gutwirth, S., Poullet, Y. and De Hert, P. (2010), *Data protection in a profiled world*, Dordrecht, Springer.

Gutwirth, S., Poullet, Y., De Hert, P. and Leenes, R. (2011), *Computers, privacy and data protection: An element of choice*, Dordrecht, Springer.

Konstadinides, T. (2011), Destroying democracy on the ground of defending it? The Data Retention Directive, the surveillance state and our constitutional ecosystem, *European Law Review*, Vol. 36, No. 5, pp. 722–776.

Rosemary, J. and Hamilton, A. (2012), *Data protection law and practice*, London, Sweet & Maxwell.

판례(Case law)

유럽인권재판소의 판례선(Selected case law of the European Court of Human Rights)

개인정보에의 접근(Access to personal data)

Gaskin v. the United Kingdom, No. 10454/83, 7 July 1989

Godelli v. Italy, No. 33783/09, 25 September 2012

K.H. and Others v. Slovakia, No. 32881/04, 28 April 2009

Leander v. Sweden, No. 9248/81, 26 March 1987

Odièvre v. France [GC], No. 42326/98, 13 February 2003

정보보호와 표현의 자유의 형량(Balancing data protection with freedom of expression)

Axel Springer AG v. Germany [GC], No. 39954/08, 7 February 2012

Von Hannover v. Germany, No. 59320/00, 24 June 2004

Von Hannover v. Germany (No. 2) [GC], Nos. 40660/08 and 60641/08, 7 February 2012

온라인정보보호쟁송(Challenges in online data protection)

K.U. v. Finland, No. 2872/02, 2 December 2008

교신(Correspondence)

Amann v. Switzerland [GC], No. 27798/95, 16 February 2000

Bernh Larsen Holding AS and Others v. Norway, No. 24117/08, 14 March 2013

Cemalettin Canli v. Turkey, No. 22427/04, 18 November 2008

Dalea v. France, No. 964/07, 2 February 2010

Gaskin v. the United Kingdom, No. 10454/83, 7 July 1989

Haralambie v. Romania, No. 21737/03, 27 October 2009

Khelili v. Switzerland, No. 16188/07, 18 October 2011

Leander v. Sweden, No. 9248/81, 26 March 1987

Malone v. the United Kingdom, No. 8691/79, 2 August 1984

McMichael v. the United Kingdom, No. 16424/90, 24 February 1995

M.G. v. the United Kingdom, No. 39393/98, 24 September 2002

Rotaru v. Romania [GC], No. 28341/95, 4 May 2000

S. and Marper v. the United Kingdom, Nos. 30562/04 and 30566/04, 4 December 2008

Shimovolos v. Russia, No. 30194/09, 21 June 2011

Turek v. Slovakia, No. 57986/00, 14 February 2006

범죄기록 데이터베이스(Criminal record databases)

B.B. v. France, No. 5335/06, 17 December 2009

M.M. v. the United Kingdom, No. 24029/07, 13 November 2012

DNA 데이터베이스(DNA databases)

S. and Marper v. the United Kingdom, Nos. 30562/04 and 30566/04, 4 December 2008

GPS정보(GPS data)

Uzun v. Germany, No. 35623/05, 2 September 2010

건강정보(Health data)

Biriuk v. Lithuania, No. 23373/03, 25 November 2008
I. v. Finland, No. 20511/03, 17 July 2008
L.L. v. France, No. 7508/02, 10 October 2006
M.S. v. Sweden, No. 20837/92, 27 August 1997
Szuluk v. the United Kingdom, No. 36936/05, 2 June 2009
Z. v. Finland, No. 22009/93, 25 February 1997

신원(Identity)

Ciubotaru v. Moldova, No. 27138/04, 27 April 2010
Godelli v. Italy, No. 33783/09, 25 September 2012
Odièvre v. France [GC], No. 42326/98, 13 February 2003

직업활동에 관한 정보(Information concerning professional activities)

Michaud v. France, No. 12323/11, 6 December 2012
Niemietz v. Germany, No. 13710/88, 16 December 1992

통신의 도청(Interception of communication)

Amann v. Switzerland [GC], No. 27798/95, 16 February 2000
Copland v. the United Kingdom, No. 62617/00, 3 April 2007
Cotlet v. Romania, No. 38565/97, 3 June 2003
Kruslin v. France, No. 11801/85, 24 April 1990
Lambert v. France, No. 23618/94, 24 August 1998
Liberty and Others v. the United Kingdom, No. 58243/00, 1 July 2008
Malone v. the United Kingdom, No. 8691/79, 2 August 1984
Halford v. the United Kingdom, No. 20605/92, 25 June 1997
Szuluk v. the United Kingdom, No. 36936/05, 2 June 2009

책임부담자의 의무(Obligations for duty bearers)

B.B. v. France, No. 5335/06, 17 December 2009
I. v. Finland, No. 20511/03, 17 July 2008
Mosley v. the United Kingdom, No. 48009/08, 10 May 2011

사진(Photos)

Sciacca v. Italy, No. 50774/99, 11 January 2005
Von Hannover v. Germany, No. 59320/00, 24 June 2004

잊혀질 권리(Right to be forgotten)

Segerstedt-Wiberg and Others v. Sweden, No. 62332/00, 6 June 2006

반대권(Right to object)

Leander v. Sweden, No. 9248/81, 26 March 1987

Mosley v. the United Kingdom, No. 48009/08, 10 May 2011
M.S. v. Sweden, No. 20837/92, 27 August 1997
Rotaru v. Romania [GC], No. 28341/95, 4 May 2000

민감한 범주의 정보(Sensitive categories of data)

I. v. Finland, No. 20511/03, 17 July 2008
Michaud v. France, No. 12323/11, 6 December 2012
S. and Marper v. the United Kingdom, Nos. 30562/04 and 30566/04, 4 December 2008

감독과 집행(정보보호기관들을 포함하여, 다른 행위자들의 역할) Supervision and enforcement(role of different actors, including data protection authorities)

I. v. Finland, No. 20511/03, 17 July 2008
K.U. v. Finland, No. 2872/02, 2 December 2008
Von Hannover v. Germany, No. 59320/00, 24 June 2004
Von Hannover v. Germany (No. 2) [GC], Nos. 40660/08 and 60641/08, 7 February 2012

감시수단(Surveillance methods)

Allan v. the United Kingdom, No. 48539/99, 5 November 2002
Association "21 Décembre 1989" and Others v. Romania, Nos. 33810/07 and 18817/08, 24 May 2011
Bykov v. Russia [GC], No. 4378/02, 10 March 2009
Kennedy v. the United Kingdom, No. 26839/05, 18 May 2010
Klass and Others v. Germany, No. 5029/71, 6 September 1978

Rotaru v. Romania [GC], No. 28341/95, 4 May 2000
Taylor-Sabori v. the United Kingdom, No. 47114/99, 22 October 2002
Uzun v. Germany, No. 35623/05, 2 September 2010
Vetter v. France, No. 59842/00, 31 May 2005

비디오감시(Video surveillance)

Köpke v. Germany, No. 420/07, 5 October 2010
Peck v. the United Kingdom, No. 44647/98, 28 January 2003

보이스샘플(Voice samples)

P.G. and J.H. v. the United Kingdom, No. 44787/98, 25 September 2001
Wisse v. France, No. 71611/01, 20 December 2005

유럽연합사법재판소의 판례선(Selected case law of the Court of Justice of the European Union)

정보보호지침과 관련된 판결(Jurisprudence related to the Data Protection Directive)

C-73/07, *Tietosuojavaltuutettu v. Satakunnan Markkinapörssi Oy and Satamedia Oy*, 16 December 2008

[정보보호지침 제9조의 '언론활동'의 개념]

Joined cases C-92/09 and C-93/09, *Volker and Markus Schecke GbR and Hartmut Eifert v. Land Hessen*, 9 November 2010

[EU 농업기금의 수혜자들에 관한 개인정보를 공개할 법적 의무의 비례성]

C-101/01, *Bodil Lindqvist*, 6 November 2003

[사인이 인터넷상에 타인의 사생활에 관한 정보를 공개한 것의 정당성]

C-131/12, *Google Spain, S.L., Google Inc. v. Agencia Española de Protección de Datos, Mario Costeja González*, Reference for a preliminary ruling from the Audiencia Nacional (Spain) lodged on 9 March 2012, 25 May 2012, pending

[정보주체의 요구에 따라, 검색결과에서 개인정보의 표시를 금지할 검색엔진사업자의 의무]

C-270/11, *European Commission v. Kingdom of Sweden*, 30 May 2013

[지침 불이행에 대한 과태료]

C-275/06, *Productores de Música de España (Promusicae) v. Telefónica de España SAU*, 29 January 2008

[KaZaA파일교환프로그램의 이용자들의 신원을 지적재산권협회에 공개할 인터넷사업자의 의무]

C-288/12, *European Commission v. Hungary*, 8 April 2014

[국가정보보호감독관의 해직의 정당성]

C-291/12, *Michael Schwarz v. Stadt Bochum*, Opinion of the Advocate General, 13 June 2013

[지문이 여권에 저장되어야 한다고 규정하는 규칙(EC) 2252/2004의 EU 제1차법 위반]

Joined cases C-293/12 and C-594/12, *Digital Rights Ireland and Seitling and Others v. Ireland*, 8 April 2014

[정보보호지침의 EU 제1차법 위반]

C-360/10, *SABAM v. Netlog N.V.*, 16 February 2012

[네트워크 이용자들에 의한 음악 및 영상작품의 불법적인 이용을 금지할 소셜 네트워크 사업자의 의무]

Joined cases C-465/00, C-138/01 and C-139/01, *Rechnungshof v. Österreichischer Rundfunk and Others and Neukomm and Lauermann v. Österreichischer Rundfunk*, 20 May 2003

[일정한 범주의 공적 영역 관련기관들의 고용인들의 급여에 관한 개인정보를 공개할 법적 의무의 비례성]

Joined cases C-468/10 and C-469/10, *Asociación Nacional de Establecimientos Financieros de Crédito (ASNEF) and Federación de Comercio Electrónico y Marketing Directo (FECEMD) v. Administración*

del Estado, 24 November 2011
[국가법에서 정보보호지침 제7조 제f호-"타인의 정당한 이익"-의 올바른 이행]

C-518/07, *European Commission v. Federal Republic of Germany*, 9 March 2010
[국가감독기구의 독립성]

C-524/06, *Huber v. Bundesrepublik Deutschland*, 16 December 2008
[통계등록부에서 외국인에 관한 정보 보유의 정당성]

C-543/09, *Deutsche Telekom AG v. Bundesrepublik Deutschland*, 5 May 2011
[새로운 동의의 필요성]

C-553/07, *College van burgemeester en wethouders van Rotterdam v. M.E.E. Rijkeboer*, 7 May 2009
[정보주체의 접근권]

C-614/10, *European Commission v. Republic of Austria*, 16 October 2012
[국가감독기구의 독립성]

EU기관정보보호규칙과 관련된 판결(Jurisprudence related to the EU Institutions Data Protection Regulation)

C-28/08 P, *European Commission v. The Bavarian Lager Co. Ltd.*, 29 June 2010
[문서에의 접근]

C-41/00 P, *Interporc Im- und Export GmbH v. Commission of the European Communities*, 6 March 2003
[문서에의 접근]

F-35/08, *Dimitrios Pachtitis v. European Commission*, 15 June 2010
[EU기관들의 고용 측면에서의 개인정보의 이용]

F-46/09, *V v. European Parliament*, 5 July 2011
[EU기관들의 고용 측면에서의 개인정보의 이용]

색인(Index)

EU사법재판소의 판례(Case-law of the Court of Justice of the European Union)

유럽인권재판소의 판례(Case-law of the European Court of Human Rights)

국가법원의 판례(Case-law of national courts)

유럽정보보호법 Handbook on European data protection law

정보통신기술의 급속한 발달은 유럽연합(EU) 및 유럽평의회(CoE)의 기관들에 의해 보장된 권리인 개인정보의 견고한 보호를 점점 더 필요로 하고 있다. 기술진보는 예컨대 감시, 통신도청과 정보저장의 경계를 확장하고 있다. 또한, 이들 모두는 정보보호권에 대해 중대한 도전을 제기하고 있다. 본서는 정보보호분야에 전문성이 없는 법실무자들이 이 분야의 법에 친숙해지도록 기획된 것이다. 본서는 EU와 CoE의 적용가능한 법제도를 개관하고 있다. 그것은 핵심적인 법제를 설명하고, 유럽인권재판소(ECtHR) 및 유럽연합사법재판소(CJEU)의 주요판결을 요약하고 있다. 이러한 판례가 없는 경우에는, 가상적인 시나리오를 가지고 실제적으로 설명하고 있다. 간단히 말하자면, 본서는 정보보호권이 활발하고 단호하게 지지되도록 보장되는 것을 돕고자 하는 것이다.

EUROPEAN UNION AGENCY FOR FUNDAMENTAL RIGHTS
Schwarzenbergplatz 11 - 1040 Vienna - Austria
Tel. +43 (1) 580 30-60 - Fax +43 (1) 580 30-693
fra.europa.eu - info@fra.europa.eu

COUNCIL OF EUROPE
EUROPEAN COURT OF HUMAN RIGHTS
67075 Strasbourg Cedex - France
Tel. +33 (0) 3 88 41 20 00 - Fax +33 (0) 3 88 41 27 30
echr.coe.int - publishing@echr.coe.int

■ 역자

함인선

고려대학교 법과대학 및 대학원 법학과 졸업
일본 와세다(早稲田)대학 법학연구과 수료(법학박사)
현재 전남대학교 법학전문대학원 교수

유럽정보보호법

Handbook on European data protection law

인쇄 | 2015년 10월 20일
발행 | 2015년 10월 26일

역자 | 함인선
발행인 | 지병문
발행처 | 전남대학교출판부

등록 | 1981. 5. 21. 제53호
주소 | 61186 광주광역시 북구 용봉로 77
전화 | (062) 530-0571~2 마케팅 530-0573
팩스 | (062) 530-0579
홈페이지 | http://www.cnup.co.kr
이메일 | cnup0571@hanmail.net

값 20,000원

ISBN 978-89-6849-249-5 (93360)

이 도서의 국립중앙도서관 출판예정도서목록(CIP)은
서지정보유통지원시스템 홈페이지(http://seoji.nl.go.kr)와
국가자료공동목록시스템(http://www.nl.go.kr/kolisnet)에서 이용하실 수 있습니다.
(CIP제어번호 : CIP2015028501)